시간도둑에
당하지
않는 기술

시간도둑에 당하지 않는 기술

나만의 시간을 지키는 21가지 팁

TIME
MANAGEMENT
NINJA

크레이그 재로Craig Jarrow 지음 | 신유희 옮김

nomad
지식노마드

감사의 글

이 책이 출간되기까지 정말 오랜 시간이 걸렸다(시간관리에 대한 농담 몇 마디로는 표현이 불가능할 정도로 많은 노력이 필요했다). 아내 에이미 Amy의 격려가 없었다면 나는 이 책을 한 줄도 쓰지 못했을 것이다. 아내는 항상 내 취미를 존중해주었다. 몇 년 전 내가 '시간관리 닌자Time Management Ninja'라는 이름의 개인 플랫폼, 블로그, 팟캐스트를 처음 운영할 때는 물론 지금 하고 있는 강의 활동 등을 시작할 때에도 아내는 늘 내 편이었다. 또한 내 아이들—'시간관리 닌자'라는 이름에 영감을 준 '진짜 닌자들'이다—파이퍼Piper와 네이트Nate에게 이 책을 바친다. 가족의 응원이 내게는 전부이며, 내 시간에서 최고 우선순위를 차지하는 존재는 언제나 이들이다!

비즈니스맨이라면 누구나 프랭클린 플래너를 들고 다니던 시절, 시간을 잘 활용하고 싶다는 욕심을 내게 심어준 하이럼 스미스Hyrum Smith에게 깊은 감사를 드린다. 그리고 이 책이 나오기까지 많은 도움을 준 망고 출판Mango Publishing의 모든 분들, 특히 무한한 인내를 보여준 나타샤 베라Natasha Vera와 내 글을 멋지게 편집해준 야드다이라 페랄타Yaddyra Peralta에게 감사의 마음을 표한다. 마지막으로 지난 수년간 '시간관리 닌자' 블로그의 글을 사랑해준 모든 이들에게 감사를 전하고 싶다. 반 페이지짜리 글 하나로 블로그를 시작할 때만 해도 전 세계의 이렇게 많은 사람들이 내 글을 읽어주리라고는 상상조차 하지 못했다. 모든 구독자 여러분, 감사합니다!

차례

추천사

시간관리 분야에 몸담아온 수년간 나는 사람들의 생산성을 높이고 그들의 시간과 생활을 되찾아주기 위해 노력하는 작가들을 많이 만나는 행운을 누렸다. 그러나 단순하면서도 목적의식이 명확한 삶을 사는 것에 대해 크레이그만큼 강한 열정을 품은 사람은 거의 없었다.

이 책은 어떻게 하면 주어진 시간을 잘 관리하여 자기 인생을 스스로 제어할 수 있을지를 다룬다. 적은 노력과 스트레스를 들이고도 할 일을 제대로 처리하려면 어떤 도구를 써야 하는지, 또 정신없이 돌아가는 삶에서 평화를 찾는 데 필요한 도구들을 어떻게 적절히 사용해야 하는지를 가르쳐주는 것이다.

이 책은 크레이그가 10여 년에 걸쳐 〈Tiam Management Ninja〉 플랫폼에 시간관리와 관련하여 포스팅한 글을 정리한 책이다. 명료하고 단순하며 핵심을 관통하는 그의 '닌자'스러운 해답에 세계 곳곳의 구독자들은 환호를 보냈다.

이 책에서는 일상에서 가장 소중한 자원인 시간을 다루는 스물한 가지 팁을 소개한다. 학교에서는 왜 이런 것을 알려주지 않았는지 안타까운 마음이 들 정도로 깨알 같은 꿀팁이다. 뿐만 아니라 이런 팁들에는 목표를 이루고 명확한 목적의식하의 삶으로 우리를 이끌어줄 가르침이 담겨 있다.

수년전 크레이그가 운영하는 시간관리 블로그를 본 후 나는 그와 온라인으로 연락이 닿았다. 그리고 그와 이야기를 나누던 중 나는 내가 그의 멘토 역할을 해왔었다는 사실을 알게 됐다. 크레이그는 시간관리에 대한 내 가르침의 열렬한 팬이자 과거 프랭클린 플래너의 애용자였던 것이다. 크레이그에게 영감을 줄 수 있고, 그가 하나의 온라인 브랜드로 성장하여 생산성 분야의 유명 전문가가 되는 모습을 지켜볼 수 있다는 점이 내겐 영광이다.

나는 독자 여러분이 이 책에서 알려주는 크레이그의 스물한 가지 팁을 일상생활에 적용하면 자신의 시간과 인생을 더욱 잘 다루게 될 것이라 확신한다. 인생의 꿈을 이루는 데 있어서든 단순히 하루하루를 좀더 체계적으로 살아가는 데 있어서든, 이 책은 여러분이 적은 노력으로 많은 일을 처리할 수 있도록 이끌어줄 것이다.

시간은 절대 늘릴 수 없는 한정적 자원이다. 크레이그의 조언을 따라 자신의 시간을 현명하게 소비하기를 바란다!

하이럼 스미스 (프랭클린플래너 창시자)

인생을 바꾸는 최고의 습관

"시간이 너무 부족해."

"밀린 일을 해치우기도 바쁘니 미리미리 해두는 건 생각도 못 하지."

"너무 바빠서 정작 내 인생에서 중요한 일을 할 시간은 없어."

어디서 많이 들어본 말인가? 나와 텔레파시가 통한 것은 아니다. 시간관리 닌자로 일하는 동안 나는 이런 말을 수없이 들었다. 그러나 이런 불만은 얼마든지 해결할 수 있다! 이제부터 훈련을 시작해보자.

정신없이 바쁜 하루가 마라톤처럼 끝없이 이어지는 게 오늘날 우리네 인생 같다. 중요한 일을 처리할 시간조차 부족할 정도니 좋아하는 일을 할 시간에 대해서라면 **말할 필요조차 없다!**

더구나 사람들은 스마트폰으로 일을 하기보다는 '#바다여행'이라는 해시태그가 달린 포스팅을 수십 개씩 찾아보는 등 '머리를 식히는' 데 더 많은 시간을 쓴다. 그러다 마침내 **진짜로** 일을 시작한 후에도 스마트폰은 1시간에—또는 1분에!—몇 번씩 사람들을 방해한다. 그러나 스마트폰의 방해공작은 매우 교묘해서[*] 별 생각 없이 핸드폰을 사용하다 보면 나중에 사용 시간을 확인해볼 때 아마 깜짝 놀랄 것이다. 그렇다, 고작 페이스북을 하느라 5시간을 **흘려보낸** 것이니 말이다. 세상에!

그러나 이 책을 집어든 사람이라면 이 사실을 이미 알고 있을 테고, 시간을 좀 더 잘 활용하려는 **노력** 또한 해봤을 것이다. 희망 비슷한 것이나마 찾기 위해 앱스토어나 서점, 인터넷을 뒤져도 대개의 시간관리 시스템은 지나치게 복잡하거나 자신의 일상 또는 업무량에 맞지 않는다는 사실만 확인할 수 있었을 뿐이고 말이다. 그렇다 보니 노력과 포기를 동시에 하는 식이 반복된다. '음, 이건 아니야.' 그러고선 다른 방법을 시도해본다. 악순환이 이어진다. 그동안 시간은 째깍째깍 흘러간다.

항상 쫓기듯 일하는 것, 스마트폰에 시간을 **빼앗기거나** 일해야 할 시간에 자꾸 일을 미루는 자신이 지긋지긋한가? **이 책은 바로 그런 여러분을 위한 책이다!**

---

[*] 정말로 교묘하기 짝이 없지만 걱정하지 않아도 된다. 당신은 곧 시간관리 닌자가 될 것이니 계속 읽어보길.

현대인의 시간 위기

시간이 부족하다고 느끼는 사람은 당신뿐만이 아니다.

모든 사람들은 바쁘다. 사실 우리 **사회 전체**가 그 어느 때보다 분주하게 돌아가고 있다.

최근의 한 연구에 따르면 일반적인 성인은 매주 평균 **4시간** 남짓한 자유시간을 누린다고 한다. 개인적 활동을 하거나 목표를 이루는 데 쓰기에는 턱없이 부족한 시간이다. 그러나 인생은 개인적 활동과 목표가 쌓여서 만들어진다! **그것들이야말로** '나'의 꿈이기 때문이다. 그런데 거기에 평균 얼마만큼의 시간을 쏟고 있다고? 겨우 '4시간'이다.

우울한 현실이다. 시간이 점점 더 부족해지는 위기에 우리가 빠져들고 있다는 사실은 부정할 수 없다. 솔직히 우리가 겪고 있는 개인 시간의 부족 현상은 마치 유행병처럼 번지고 있다. 사람들이 자신에게 할애하는 시간은 갈수록 더 적어진다. 인생의 목표를 위한 것이든 가족이나 사랑하는 사람과 시간을 보내는 것이든 간에, 우린 자기 자신에게 진짜로 의미 있는 일에 충분한 시간을 쏟지 못한다.

현대인의 일상은 끊임없는 방해와 알림, 그리고 관심을 끄는 것들로 가득하다. 우리는 자신이 살아 있음을 느끼게 만들어주는 일보다는 쏟아지는 요구와 정보와 뉴스에 '접속된 채' 하루의 대부분을 보낸다.

다른 사람들과 크게 다르지 않다면 당신 역시 주변에서 들어오는 자극에 반응하느라 하루를 다 써버리고 있을 것이다. 그런 하루의 끝에 마침내 다다르면 정작 이룬 것은 없는 것 같은 기분이 든다. 사실이다. **행동**이 아닌 **반응**을 하는 데 하루를 전부 소비했으니까.

가만히 앉아서 **생각**할 시간 같은 건 영원히 오지 않을 것만 같다. 내게 정말로 중요한 일을 할 시간 또한 마찬가지다. 현대 사회에서는 마치 '인간의 관심 끌기 대회' 같은 게 벌어지고 있는 게 아닌가 싶다. 각종 디바이스가 1시간에도 수십 번씩 울리며 "기다릴 수 없어!"라 외친다. 대부분의 사람들은 1~2분도 채 넘기지 못하고 무엇인가에 방해를 받는다.

이 사실이 의심스럽다면 다음과 같은 실험을 해보길 권한다. 어떤 실험인지 궁금한가? '집중하기 실험'이다. 듣기에는 꽤나 쉬워 보인다. 그러나 **대부분의 사람들이 제한 시간을 채우지 못하고 집중력이 흐트러지거나 방해를 받는다**면 어떨까? 상관없다고? 자신 있다고? 그렇다면 한번 도전해보자.

진지하게 임하고 집중해야 한다.

천천히, 그리고 신중하게 1부터 10까지 세어보자. 숫자와 숫자 사이에 숨을 쉬어라. **그 외에는 어떤 것도 하지 마라.** 그저 1부터 10까지만 세면 끝이다.

어땠는가? 무엇보다도, 주의가 흐트러지기 전까지 숫자를 몇이나 셀 수 있었는가? 갑자기 급하게 해야 할 일이 기억나진 않았는가? 전화를 걸어야 할 사람이 생각났다거나 **뭔가** 하고 싶어서 몸이 근질근질하지 않았는가?

아마 당신은 끝까지 성공하지 못했을 확률이 높다.

어쩌면 마음속에서 이런저런 할 일이 떠올랐거나—'**벼룩이 생기기 전에 강아지를 목욕시켜야 할 텐데.**'—핸드폰에서 뉴스 알람이 울렸을지도—'**또 바다사자가 탈출했나?**'—모른다. 새로운 메일이 도착했다는—'**전 품목 50% 세일! 지금 사러 오세요! 제발!**'—알람 소리가 띠링! 울렸을 수도 있고 말이다.

중요한 것은 당신의 집중력이 구체적으로 무엇 때문에 흐트러졌는가가 아니라 **흐트러졌다**는 그 사실 자체다. 우리는 우리의 주의를 끊임없이 딴 데로 끌어 생산성을 낮추려는 것들이 가득한 세상에 살고 있다.

효율적으로 살기에는 참으로 쉽지 않은 세상이다. 게다가…….

기술이 발전하면 더 편해질 줄 알았는데!

이처럼 시간부족에 시달리는 상황에서 더욱 가혹한 아이러니가 있으니, 한때는 지금쯤 우리가 더 **한가해질** 거라 예측했었다는 사실이 그것이다. 미래에는 기술이 발전하여 우리가 신경 쓰거나 관여해야 할 일이 줄어들 줄 알았다. 기술 발전이 우리의 생산성을 **높여주고** 기계가 사람을 **대신해서** 일하리라 믿었던 것이다. 온갖 디바이스와 앱, 로봇과 인공지능……. 이 모든 것들은 인간의 생활을 더욱 쉽게 만들어주기 위한 것이지 않았는가!

그러나 우리를 구해주리라 믿었던 기술 발전은 도리어 우리의 삶을 장악했다. 인간과 일을 얽어매는 사슬처럼 기술 발전은 우리가 어디에 있든 그 앞을 막아서며 다시 일로 잡아끈다.

지금 우리가 살고 있는 세상이 영화 '매트릭스The Matrix'와는 다르다 여긴다면 자, 여기에 빨간색 알약이 있다(영화 '매트릭스'에서 주인공은 빨간색 알약을 먹고 가상세계에서 깨어나 진짜 현실을 마주함_옮긴이). 많은 사람들이 **각종 디바이스를 사용하는 데 하루에 10시간 이상**을 사용한다. 아무 거리낌 없이 전화를 받고, 마치 본능인 듯 자연스럽게 스크롤을 내린다. 이제부터 스마트폰에서 손을 **떼어보자.** 어떤 일이 벌어지는가? 반짝이는 스크린이 끊임없이 삑삑대고 진동하며 돌아오라고 **애원**할 것이다. 이처럼 우리는 인공적인 존재가 만들어낸 가상현실 속에 빠져 통제당하는 동안 생명력을 빼앗기고 있다. 너무 극단적이라고?

대부분의 사람들은 1~2분도 버티지 못하고 집중력을 잃는다. 여기까지 읽는 동안에도 핸드폰이 몇 번씩 소리를 내며 주의를 끌었다는 것에 내기를 걸어도 좋다.

물론 기술 발전이 **나쁘기만** 한 것은 아니다. 슈퍼히어로 영화에서 볼 수 있듯이, 강력한 능력은 그것을 어떻게 쓰는가에 따라 세계를 구할 수도, 파괴할 수도 있다.

기술 발전이 지닌 장점을 꽤나 유용하게 활용해온 우리는 자동화와 전자 기술 덕분에 예전에는 생각도 못할 것들을 누리고 있다. 거의 모든 곳에서 일을 할 수 있고, 과거에는 상상조차 어려운 방식으로 소통한다. **그리고** 전 세계의 정보를 손바닥 안에서 확인한다. 고대 알렉산드리아 도서관이 불타버린 것과 같은 끔찍한 지식 손실은 이제 지난날의 걱정이 됐다.

당연한 말이지만 이처럼 다양한 지식이 열려 있다는 것은 좋은 일이다. 그러나 여기에는 '적절한 정도를 지킨다면'이라는 단서가 붙는다. 소셜 네트워크와 홍수처럼 쏟아지는 뉴스와 각종 알림 속에서 우리는 종종 디바이스로 절약한 시간보다 더 많은 시간을 **뺏긴다**.

가끔씩 나는 사람들이 핸드폰과 '바람을 피우는' 중이라는 농담을 한다.

한번 생각해보자. 사람들은 자기가 사랑하는 사람들보다 핸드폰에 더 많은 시간을 쏟는다. 잠자리에서도 핸드폰을 **곁에 끼고 잠이 든다.** 잠들기 전 마지막으로 쳐다보는 것도, 잠에서 깨자마자 쳐다보는 것도 핸드폰이다. 이 정도면 애인에게 "나 사실 다른 누군가를 만나고 있어."라고 고백해야 하는 게 아닐까.

우리는 이미 '매트릭스' 속에서 살고 있다. 각종 기계들은 별 의미도 없는 정보를 끝없이 제공하며 우리를 방해하고, 주의를 끌고, 시간을 빼앗아간다. 그렇다. 그들은 서서히 새로운 현실 세계를 구축하고 있으며, 우리가 거기에 빠져 있는 동안 생명력을 빨아먹는다. 영화와 다른 점이 있다면, 우리는 지각이 있는 상태에서 스스로 그렇게 되도록 내버려두었다는 것뿐이다.

시간관리는 어렵지 않아야 한다

시작하면서 말했던 것처럼, 이 책을 고른 사람이라면 계속해서 일을 미루고 정신이 산만해지는 문제를 해결하기 위해 이미 여러 방법을 시도해봤을 것이다. 직접 시간을 관리하거나 시간관리에 유용한 앱 또는 시스템을 써보면서 말이다. 그러나 노력하면 할수록 거기에 드는 시간은 그로 인해 아낀 시간보다 점점 더 늘어나기만 한다. 이건 그리 바람직한 관계가 아니다.

마찬가지로, 다루기가 어렵거나 손이 많이 가서 사용을 포기한 앱도 있을 것이다. 그런 앱들 중에는 심지어 순서도가 필요할 정도로 복잡한 것도 있다. **순서도라니!** 며칠 정도 써보다가 '아, 이건 계속 쓸 수 없겠다' 또는 '현실적이지 않다' 싶은 생각이 드는 도구들은 금세 서랍 속에 처박히는 신세가 된다. 그리고 우리는 그렇게 다시 원점으로 돌아온다. 한 가지 소득이 있다면? 시간관리 시스템은 전부 내게 맞지 않는다는 사실을 발견했다는 점이다. 도대체 시간관리는 왜 이리도 어려운 것일까?

이것은 시간관리가 어렵다는 사실을 전제로 한 질문이다. 그러나 이에 대한 답은 이것이다. **시간관리는 원래 어렵지 않아야 한다.** 힘들이지 않고도 매끄럽고 부드럽게 움직이는 닌자의 움직임과 같아야 하는 것이다. 또한 시간관리는 일을 할 때에만 '가동하는' 것이 아니라 밥을 먹고 이를 닦는 것처럼 편하고 자연스럽게 일상의 일부분을 이루어야 한다. 그 정도로 쉬워야 한다는 뜻이다.

뿐만 아니라 시간관리 방법은 일반 상식만큼이나 단순해야 한다. 간결함은 언제나 복잡함을 이긴다. 자, 이제부터 말도 안 되게 간단한 시간관리 닌자의 움직임을 배워보자.

여기에는 그 어떤 순서도도 필요 없다.

시간 되찾기

내 시간은 나에게 주어진 것이다. 포기한 채 그냥 흘려보내거나 다른 사람들이 훔쳐가도록 내버려두지 않아도 된다. 시간은 내 손아귀에 있다. 이제는 나도 모르게 사라진 시간과 스마트폰에 빼앗긴 시간을 되찾아오기 위해 무엇인가를 해야 할 때, 내 인생을 좀 더 멋지게 관리할 때다. 이 책에서 그 길을 보여줄 것이다.

이 책은 여러분에게 잃어버린 시간을 되찾아줄 간단한 팁 스물한 가지를 제공한다. 끊임없이 주의를 흐트러트리는 것들에서 벗어나기 시작하면 스트레스 또한 자연스레 줄어드는 현상을 경험할 것이다. 자신의 시간과 삶을 되찾을 준비가 됐다면 이제 시작해보자!

Tip 1

단 하나의 규칙

: 시간관리로 생겨난 시간은
시간관리에 쏟은 시간보다
많아야 한다

"바빠 죽겠는데 계획 세울 시간이 어디 있어?"

잔뜩 쌓인 업무, 그밖의 해야 할 일과 각종 약속 등에 파묻혀 허우적대며 사람들은 이렇게 말한다. 이 많은 일을 처리하느라 이렇게나 바쁜데 여기서 또 다시 **시간관리를 할** 시간을 만들라니, 그게 가능해?

그러나 냉정히 말하자면, 사람들이 시간에 쫓기는 이유는 시간을 관리하지 않기 때문이다. 자신이 시간을 버리고 있는지 확인할 시간이 없다고? 글쎄, 그에 따라 아주 많은 것이 달라질 수 있다.

자기도 모르게 새어나간 시간을 아끼려는 목적은 그 시간의 주인인 당신에게 그것이 돌아오게 하려는 것이다. 그러려면 당신은 시간을 효율적으로 사용하고 제일 중요한 일부터 먼저 처리해야 한다.

"시간이 모자라!"라는 하소연은 자신의 하루를 제대로 돌보지 않는 것에 대한 핑계일 뿐이다. 목표가 분명하지 않은 삶을 살면서 쉽게 변명만 늘어놓는 것이다. 생산성을 높여줄 방법을 제대로 실천하면 거기에 시간을 뺏기는 것이 아니라 오히려 소중한 일분일초를 다시 되찾을 수 있다.

남들보다 더 많은 시간을 활용하기

나는 매일 똑같은 양의 시간을 갖는다. 사실 우리 모두가 그렇다. 24시간, 1,440분, 8만 6,400초.

만약 이보다 좀 더 많은 시간이 내게 주어진다면 얼마나 좋을까? 2시간 정도 늘어난다면? 아니면 3시간은? 갑자기 온 세상이 눈앞에 활짝 펼쳐지는 기분이다. 로또에 당첨되는 것만큼이나 찬란하고 환상적이다.

그러나 로또 당첨과 달리, 남들보다 더 많은 시간을 활용하는 행운은 현실에서도 얼마든지 일어날 수 있다. 시간에 관해서만큼은 당신도 로또에 당첨될 수 있는 것이다! 그러니 이제부터라도 소중한 순간들을 되찾아오자. 매일 잃어버리고 있는 시간들, 꾸물거리느라 혹은 미안한 말이지만 쓸데없는 일을 하느라 낭비하고 있는 시간들을 말이다.

자, 첫 번째 로또 번호, 닌자의 첫걸음이자 마법은 바로 이것이다. 시간관리는 그것에 들인 시간보다 반드시 더 많은 시간을 만들어내야 한다. 다른 말로 하자면, 계획을 짜는 데 시간을 투자하되 그 투자로 돌려받는 시간은 처음에 들인 시간보다 더 커야 한다는 것이다.

즉, 시간관리 방식은 간단해야 한다.

쉽고 간단하게

"시간이 없다."라는 핑계 다음으로 사람들이 많이 하는 말이 있다. "효율적으로 계획을 세우는 것이 너무 어렵다."가 바로 그것이다.

지금 이 책을 읽고 있는 독자 중에서도 시간관리가 어렵다고 느끼는 사람들이 꽤 있을 듯하다. 그러나 시간관리를 시도하는 사람들이 힘들게 '애쓰는' 단계에서 더 이상 나아가지 못한다면 그것은 바람직한 현상이 아니다. 이런 현상은 시간관리 방식이 **지나치게 복잡하기 때문에** 나타난다. 복잡한 시스템은 잠재적 시간 절약자들을 겁주어 쫓아낸다. 하루를 거의 초 단위로 세세하게 관리하라니 그게 현실적으로 가능한 이야기야? **게다가** 다음 5년간의 계획을 하나하나 **자세히** 짜라고? 으아아아, 난 못해!

시간관리는 복잡한 순서도를 요구하지 않는다. 명상이나 사색도 필요 없고 다음 행동에 대한 매트릭스(그게 뭔지도 모르겠지만)를 외울 필요도 없다.

효율적인 계획 짜기는 오히려 단순해야 한다. **그래야만** 자신의 생활방식과 일상 속에 자연스럽게 스며들 수 있기 때문이다. 제대로만 한다면, 마치 날렵한 닌자가 루틴을 해치우듯 특별한 노력을 기울이지 않고도 손쉽게 습관을 유지할 수 있다.

시간관리는 24시간 계속된다

시간관리를 자신이 필요할 때에만 '가동하는' 특정 모드 같은 것이라 여기는 것 또한 흔히 나타나는 오해다. 그보다는 하루 일과의 일부분을 이루는 습관에 가깝다. 조깅을 할 때에도, 잠깐 낮잠을 잘 때에도, 매 순간 모든 행동마다 시간관리는 항상 염두에 두어야 한다.

얼마 지나지 않아 당신은 생산성을 가장 효율적으로 늘릴 수 있는 원리에 따라 생활하는 법을 터득하게 될 것이고, 그러면 시간관리 모드를 의식적으로 '가동할' 필요도 사라진다. 이러한 습관을 배우고 실천하면 자신의 삶을 훨씬 더 쉽게 관리할 수 있다.

효율적인 계획 수립을 일상에 접합시키는 데 성공하면 당신은 업무 처리의 롤모델 같은 존재가 될 것이다. 그 많은 일을 어려움 없이 해치우며 앞서나가는 당신의 모습을 다른 이들은 놀라움에 찬 눈빛으로 바라볼 것이다. 구미가 당기지 않는가?

단순한 게 최고다

시간관리라는 걸 처음 접한 사람들은 대개 그 방대함과 복잡함에 압도된다. 그러나 이는 그들의 잘못이 아니다. 구글에서 '시간관리 앱'을 검색하면 무려 18억 6,000가지의 결과값이 나오니 말이다.

시간관리와 관련된 재미있는 모순이 또 하나 있다. 생산성을 높여준다고 널리 알려진 방법론 중에는 특히나 번거롭고 복잡한 것들이 많다는 사실이다. 그러나 지금 일어나고 있는 일들을 처리하는 것도 버거운데 거기에 또 다른 어려움을 더하고 싶은 사람이 어디에 있겠는가?

앞서 말했듯 시간관리의 첫 번째 경험 법칙은 '순서도가 필요한 시간관리 방식은 지나치게 복잡하다'는 것이다. **어떻게** 매번 계획을 정리할 때마다 순서도를 참고할 수 있겠는가? 할 일 목록에서 우선순위를 정하고 분류하는 데 걸리는 시간은 반드시 30분을 넘기지 않아야 한다.

꼭 필요한 무기들을 제대로 구비하여 잘 활용한다면 그 어떤 복잡한 시스템이라 해도 모두 물리칠 수 있다.

> **❝ 시간관리에서는 가장 단순한 방법이 가장 훌륭한 해답이다. ❞**

일반적인 상식과 현실적인 도구—시간 낭비에 대항하여 싸우기 위한 가장 좋은 무기—들은 너무 복잡해서 이해하는 데 몇 주, 몸에 배는 데는 몇 년이 걸리는 다른 방식들보다 성공으로 가는 길목을 훨씬 더 넓혀줄 것이다. 다시 말하지만 시간관리는 오래 걸리거나 힘들지 않아야 하며, 효율적이어야 한다.

그러므로 시간을 통제할 수 있는 효율적인 계획을 세우고 싶다면 시간관리의 첫 번째 팁을 꼭 기억하자. 시간관리는 '단순하게' 하는 것이라는 점을 말이다.

다음 장에서는 생산성을 최대로 끌어올리는 데 필요한 무기를 살펴볼 것이다. 올바른 훈련 및 마음가짐과 함께한다면 자신도 모르게 낭비하고 있던 시간을 되찾아올 시간관리 닌자가 되는 것도 시간문제다.

🥷 닌자의 지혜

◆ 시간관리에 드는 시간보다 그로 인해 아낀 시간이 더 커야 한다.
◆ 시간관리는 쉽게 실천할 수 있는 습관처럼 일상의 한 부분으로 스며들
  어야 한다.
◆ 가장 단순한 방법이 가장 효율적이다.

🥷 닌자의 훈련

시간관리에 쓸 시간이 없다고 여겨진다면 다음 질문에 답해보자.

◆ 당신은 매일 시간관리에 최선을 다했는가, 아니면 말만 앞세웠는가?
◆ 언제, 어디서 계획을 세우고 준비하는가? (이 주제는 뒤에서 다룬다.) 지금
  의 방식이 유용한가? 어떤 점에서 그러한가?
◆ 어디서, 무엇 때문에 매일 시간을 낭비하는가?
◆ 하루 중 시간을 아낄 만한 기회가 있다면 어디에 있겠는가?
◆ 하루에 2시간이 더 생긴다면 무엇을 할 것인가? 구체적으로 생각한 뒤
  그 시간 동안 하고 싶은 활동, 프로젝트, 목표 등의 목록을 작성해보자.

⏰ 시간관리는 전등 스위치가 아니다

당신은 일이 몰렸을 때에만 시간관리 모드를 켜는가? 그리고 쉬는 날이 되
거나 급한 불을 끄고 난 뒤엔 다시 스위치를 내리는가?

그런 식의 접근은 벼락치기로 시험을 준비하는 셈이나 마찬가지다. 단기적
으로는 효과가 있을 수도 있다. 그러나 마지막 순간에 쑤셔 넣은 지식은 계
속 유지될 수 없기에, 시험 후 며칠만 지나면 전부 사라져버린다. 같은 원리

로, 시간관리 모드를 스위치처럼 사용하는 것은 지속적으로 더 많은 시간을 절약하고자 하는 사람에게는 전혀 유용하지 않은 방식이다.

간단히 말해 시간을 관리하는 습관은 단시간에 뚝딱 갖게 되는 것이 **아니다**. 그러나 너무나도 많은 사람들이 그런 방식으로 시간관리를 하려 든다. "바쁠 땐 시간을 아껴 썼다가 나중에 한가해지면 게으름을 부려야지. **그 정도 여유는 누릴 만해!**" 그러면서도 이들은 왜 여전히 자신의 생산성이 높아지지 않는지 의아해한다.

분명히 말하지만 그렇게 요령을 부리는 것으로는 절대 좋은 결과를 낼 수 없다. 그럼에도 사람들은 자신의 생활을 제대로 돌려놓겠다는 간절한 마음을 안고 그때그때 유행하는 시간관리 시스템만 쫓는다. 체계적이고 효율적인 시간관리를 하고 싶다면 시간을 생산적으로 활용하려는 노력을 매일 지속적이고 적극적으로 기울여야 한다. 즉, 시간관리가 습관이 돼야 한다는 뜻이다.

사람들이 시간관리 모드를 스위치처럼 껐다 켰다 하려는 원인에는 몇 가지가 있다.

- **지나치게 복잡하다:** 자신의 시간관리 시스템은 너무 복잡하다고 느끼는 이들이 많다. 어렵고 헷갈리는 작업을 어떻게 계속할 수 있겠는가? 차라리 모든 계획을 포기하는 편이 더 효율적일지도 모른다.

- **자신의 생활과 안 맞는다:** 시간관리 시스템은 일상생활의 필요를 충족시켜주지 못하는 순간 바로 중단되어버린다. 많은 사람들이 불완전한 시스템을 써보려 노력하다가 '효과가 없다'며 포기한다. 그냥 하는 말이 아니다! 시간관리 시스템은 설명만 그럴싸할 것이 아니라 실질적인 도움이 돼야 한다.

- **현실적으로 활용할 수 있는 도구가 없다:** 사람들은 종종 어떤 디바이스

를 **실제로** 잘 활용할 수 있을지 고민하지 않은 채 최신 유행을 쫓는다. 종이와 펜을 더 잘 쓰는 사람이 어째서 최신 스마트폰을 사는 것일까? 자신에게 맞는 시간관리 시스템을 원한다면 자기가 편하고 즐겁게 사용할 수 있는 도구를 선택하는 것이 중요하다. 유행만 따른다면 당신이 큰돈 들여 구매한 디바이스는 책상 위를 굴러다니는 애물단지로 전락하거나 온갖 '잡동사니(아까워서 버리지 못했을 뿐 쓰레기나 다름없는)'를 넣어두는 서랍 속에 처박혀버릴 것이다. 이보다 더한 시간낭비가 어디 있겠는가?

◆ **시간관리는 기술이다:** 시간관리는 끈기를 가지고 연습해서 익혀야 하는 기술의 일종이다. 악기를 연주하거나 스케이트보드를 타려면 그래야 하듯 시간관리 역시 반복적인 연습과 경험을 필요로 한다. 더 많이 연습할수록 더 민첩한 시간절약자가 될 수 있다.

◆ **위기의 신화:** 위기는 한 번만 오지 않는다. 사람들은 매일 **꾸준히** 시간을 낭비한다. 시간과의 전쟁은 끊임없이 벌어지고, 늘 현재진행형 상태에 있다. 시간낭비는 30분쯤 멍때렸다 해서 한순간에 닥쳐오는 '참사'가 아니다. 사람들은 바쁠 때에만 시간관리가 필요하다 여기지만, **여유가 있을 때에도 바쁠 때만큼이나 시간을 관리해야 한다.** 시간을 계획적으로 사용하는 것은 애초에 문제가 터지지 않도록 미리 막으려는 능동적인 태도다. 무기를 늘 곁에 둔다면 자신도 모르게 시간을 절약하는 습관을 유지하는 데 도움이 될 것이다.

시간관리는 인생관리와 같다. 시간관리 모드를 껐다 켰다 하면서 좋은 결과를 기대할 수는 없다(이런 점에선 다이어트와 마찬가지다). 시간관리 모드는 항상 '켜져' 있어야 하고, 그러다 보면 시간관리 습관은 어느새 건강한 생활방식의 일부분으로 자리 잡을 것이다.

⏰ 얼마나 많은 시간을 되찾을 수 있을까?

자신이 얼마나 많은 시간을 되찾을 수 있을지를 들으면 사람들은 깜짝 놀라곤 한다. 여유시간이 30분 더 생긴다고 생각해보라. 어쩌면 1시간도 가능하지 않을까? 좀 더 높이 잡아보자. 나는 평균 2시간, 그것도 **꽉 채운 2시간**을 되찾을 수 있다고 말한다.

이는 제법 **상당한** 시간이다. 그 2시간 동안 할 수 있는 중요한 일들이 당신 머릿속엔 무수히 많이 떠오를 텐데, 가능한 몇 가지 예를 들어보자.

- ◆ 운동하기
- ◆ 개인적 목표를 이루기 위한 시간으로 활용하기
- ◆ 명상하기 또는 일기 쓰기
- ◆ 계속 미뤄왔던 할 일 끝내기
- ◆ 청소 등의 집안일 하기
- ◆ 재미있게 놀기! 하고 싶었지만 그동안 시간이 없어서 하지 못했던 건 무엇인가?

지금 당신의 마음속에 떠오르는 것들에 비하면 위 목록은 극히 일부일 것이라 자신한다. 그러나 **여기서 끝이 아니다.** 그냥 2시간을 돌려받는 것에서 끝나는 게 아니라 **매일, 하루도 빠짐없이** 2시간을 되찾을 수 있기 때문이다.

당신에겐 이제부터 갑자기 매주 14시간(!)이나 되는 여유시간이 생긴다. 한 달이면 무려 60시간이다. 하루 근무시간이 8시간일 경우, 근무일수로 치면 **1주일에 반나절**까지 더한 시간이다!

연간 약 730시간의 자유시간이 생긴다고 상상하면 어떤 기분이 드는가? 근무일 기준으로 91일에 해당하는 이 어마어마한 시간에 당신은 무엇을 할 수 있을까? 갑자기 선택지가 좀 더 야심차게 변한다.

- ◆ 학위 따기
- ◆ 책 쓰기
- ◆ 새로운 언어 배우기
- ◆ 사업 시작하기

이렇게 많은 시간을 되찾아올 수 있다니 지금까지 난 대체 무엇을 한 것인가 궁금해질 것이다!

Tip 2

시간을 되찾아주는
네 가지 무기

: 적은 노력으로 많은 일을 하려면
적절한 생산성 무기가 필요하다

시간관리를 위한 도구나 장치로 당신은 어떤 것을 사용하는가?

주로 스마트폰을 활용하는가? 아니면 종이로 된 플래너? 두 가지 모두 똑같이 훌륭한 도구다. 따라서 어느 쪽을 택하든 자신이 편하게 사용할 수 있는 것을 고르는 것이 중요하다.

제대로 된 무기를 갖추지 못하면 시간낭비와 맞서는 전쟁에서 싸울 수 없다. **시도**야 해볼 수 있지만 최선의 결과를 내지 못함은 물론 쓸데없이 시간과 노력만 허비하는 셈이 될 것이다. 시간낭비라는 적은 무자비해서 당신을 인정사정없이 공격한다. 그런 적과 싸우려면 잘 훈련된 기술과 뛰어난 무기가 있어야 한다. 그리고 이때의 무기는 날렵하고 효율적이면서도 엄청나게 간단한 것이어야 한다. **단순하지만 아주 잔혹한 방어 무기를 꺼내들지 않으면** 일을 더 잘 다루기 위한 노력은 해볼 수 있겠으나 자신이 가진 잠재력까지 최대한으로 발휘하는 것은 불가능하다.

요새를 단단히 지키려면 네 가지 필수적인 무기를 갖춰야 한다. 그러나 이 무기들은 전혀 특별하지도 않은 데다 꽤나 익숙하기까지 하다.

문제는 대부분의 사람들이 네 가지 무기 중 **적어도 하나 이상**을 놓치고 있다는 것이다. 이는 무엇을 의미할까? 이들 중 한 가지라도 부족하면 네 가지 무기 모두를 갖췄을 때처럼 효율적으로 시간관리를 하는 것은 불가능하다는 뜻이다. 시간낭비와 싸우기 위해서는 모든 무기를 총동원해야 한다.

자, 이제 당신이 지닌 무기를 점검해보자.

네 가지 필수 무기

네 가지 무기는 **항상** 곁에 두어야 한다. 효율적이고 지속적인 시간관리는 이것들을 하나도 빠짐없이 갖추고 있을 때만 가능한 일이기 때문이다. 일을 미루고 싶은 마음에게는 꾸준히 위협을 가하자. 각각의 무기를 하나씩 떼어놓고 보면 그저 일할 때 유용한 도구 중 하나에 지나지 않지만, 네 가지 무기 모두를 합치면 '적은 노력으로 많은 성과를 이루기'라는 한 가지 목적을 위해 공들여 다듬은 완벽한 무기 세트가 완성된다.

시간관리에 꼭 필요한 네 가지 무기는 주변에서 꽤나 흔히 접

할 수 있어 우리도 이미 잘 알고 있다. 여기서 고려해야 할 질문은 바로 이것이다. "각각의 무기들은 당신이 언제든지 꺼내서 사용할 수 있게끔 준비된 상태인가?"

시간관리 닌자가 되려면 다음의 네 가지 무기를 항상 소지해야 한다.

1) **할 일 목록:** 자신이 처리해야 하는 일과 의무를 추적하려면 '할 일 목록'이 반드시 필요하다. 앞으로 해야 할 일을 기억하는 일은 '할 일 목록'에게 맡겨둔 채 나는 지금 당장 하고 있는 일에 마음껏 집중할 수 있기 때문이다.

2) **일정표:** 일정표는 자신의 일정을 추적하고 언제 어디에서 어떤 약속이 있는지 상기하는 데 유용하다. 내가 현재를 사는 동안 나의 일정표는 며칠 후, 몇 주 후, 심지어 몇 년 후 일정까지 관리할 수 있다.

3) **주소록:** 아무리 기술이 세상을 움직이는 시대라 해도 다른 사람들과 연락할 수 있는 정보를 직접 관리하는 일은 매우 중요하다. 주소록을 갖고 있으면 향후 언제든 손가락 까딱하는 것만으로도 사람들과 닿을 수 있기 때문이다.

4) **메모 노트:** 잘 기록한 메모 노트엔 온갖 중요한 정보가 담겨 있다. 여기서 기억해야 할 점은 메모용 노트를 따로 마련해서 모든 기록을 거기에 남겨야 한다는 것이다. 아무 종이

나 포스트잇에 적어두면 금세 잃어버릴 수 있으니 말이다.

네 가지 모두 완전히 새롭거나 획기적인 도구는 **아니다.** 어쩌면 당신은 각 도구 여러 개를 이미 구비하고 있을지도 모르겠다. 집에 하나, 사무실에 하나 하는 식으로 여기저기 흩어져 있거나 용도 혹은 상황별로 여러 개가 있을 수도 있다.

두 번째 팁에서 중요한 점은 각 무기를 하나도 빠짐없이 갖춰야 한다는 것, 그리고 모든 무기를 언제나 지니고 있어야 한다는 것이다.

하나가 지닌 힘

할 일 목록, 일정표, 주소록, 메모 노트를 전부 갖추는 것이 좋다고 했는데, 그렇다면 같은 도구를 **둘 이상** 사용하는 것은 어떨까? 이는 **전혀 바람직하지 않은 방법**이다. 목적이 같은 도구를 지나치게 많이 가지고 있으면 사용 시 헷갈리기 쉽다.

네 가지 무기를 하나도 빠짐없이 준비하는 것만큼이나 각 무기를 **하나씩만** 쓰는 것 또한 중요하다. 같은 종류의 무기가 여러 개일 경우 사용하기가 복잡하고, 내용이 중복될 수 있으며, 관리하는 데도 더 많은 시간과 노력이 들기 때문이다.

중요한 약속을 다른 일정표에 적어두는 바람에 잊은 적은 없는가? 할 일 목록을 여러 개 만들었다가 하나를 잃어버리는 바람에 해야 할 일을 놓친 적은?

도구의 과잉은 오히려 일의 능률과 생산성을 떨어뜨린다.

> **❝ 생산성 무기는 종류별로 딱 하나씩만 필요하다. ❞**

나는 이것을 '하나가 지닌 힘Power of One이라 부른다. 할 일 목록 하나, 일정표 하나, 주소록 하나, 메모 노트 하나. 이렇게 반드시 종류별로 하나씩만 구비하자. 지나치게 많은 도구를 활용한 시간관리는 일을 더 키울 뿐이다.

실제로 사용할 도구를 선택하기

시간관리 무기의 선택과 관련하여 사람들이 항상 던지는 질문이 있다. "어떤 도구가 가장 좋아요?"

도구 고르는 일에 너무 연연하지 **마라.** 제일 편하고 마음에 드는 것이면 된다. 종이로 된 일일 플래너가 좋을까? 아니면 핸드폰 앱을 써야 할까?

개인적인 상황, 업무 환경 등의 조건이 제각각이니 내 대답은

'사람마다 다르다'다. 또한 무기는 무엇보다 사용자의 성향에 큰 영향을 받는다. 어떤 이에겐 핸드폰 앱보다 종이와 펜이 편하고, 또 어떤 이는 업무 환경상 이메일과 디바이스를 활용하는 편이 시간을 더욱 아낄 수 있는 도구가 된다. 핵심은 개인의 필요, 기술, 환경에 맞는 도구를 고르는 것이다. 다시 말해 **자신이 실제로 잘 쓸 수 있는 도구**를 선택해야 한다.

어떤 도구가 최신 유행인지가 아니라, 자신이 가장 **좋아하는** 도구가 무엇인지를 고려해서 결정하자. 편하거나 능숙하게 쓸 수 없는 도구는 금세 사용을 중단하게 된다. 십중팔구 우연히—혹은 우연을 가장하여—쓰레기통에 버리거나 렌트카를 반납하면서 그 안에 놓고 올(이런!) 것이다.

종이 vs. 스마트폰?

시간관리 무기를 처음 고를 때 가장 많이들 떠올리는 질문 중 하나가 이것이다. "종이와 디바이스 중 어떤 것이 좋을까?"

아주 오랫동안 우리에게는 종이가 유일한 선택지였다. 그러나 기술이 발전함에 따라 지금은 종이 외에도 꽤나 강력한 선택지가 많이 생겨났다. 그렇다면 무엇을 골라야 할까? 종이로 된 일일 플래너? 아니면 스마트폰 앱?

앞서 말한 것처럼, 사람마다 자신에게 맞는 도구는 제각기 다르다. 이런 답변은 전혀 도움이 안 된다며 실망하지 말고 좀 더 읽어보길.

오늘날 지금 이 시대에는 핸드폰 앱이 가장 뛰어난 도구인 듯 **보인다.** 좋든 싫든 핸드폰은 우리 인생의 중심을 차지했다. 모든 사람들은 가는 곳마다 핸드폰을 들고 다닌다. 출근길에 핸드폰을 집에 놓고 왔다는 사실을 깨닫고 제임스 본드처럼 화려하게 차를 돌린 적이 얼마나 많은가? 대부분의 사람들은 자신의 핸드폰에서 반경 몇 미터도 벗어나지 않는다.

이것은 디바이스 기반의 시간관리 시스템이 지닌 최대 장점이다. 시간관리 무기의 핵심은 언제 어디에든 들고 다니는 것인데, 사람들이 핸드폰을 손에서 놓지 않으니 핸드폰 앱은 이런 필수 요건을 자연스레 충족시킨다. 또한 장소를 가리지 않고 다른 디바이스와 동기화할 수 있는 기능 덕분에 어디서든 시간관리를 할 수 있다는 장점은 말할 필요도 없다. 동기화를 통해 집에서든 회사에서든 동일한 정보에 접근할 수 있으니 둘 이상의 장치를 쓰더라도 '하나가 지닌 힘'을 구현하는 것이 가능하다. 바꿔 말하면 하나의 무기 세트로도 얼마든지 다양한 장소에서, 다양한 디바이스를 활용할 수 있는 것이다.

뿐만 아니라 핸드폰 앱은 검색하기, 우선순위 매기기, 분류하기 등 종이 플래너가 담당할 수 없는 능력을 갖고 있다. 종이로 된 도구는 죽었다 깨어나도 이런 기능을 제공할 수 없다.

그러나 종이와 펜으로 할 일 목록을 정리하고 일정을 기록하는 것이 편한 사람이라면 일일 플래너를 활용하는 편이 훨씬 좋다. 그러니 누차 강조했듯 자신이 실제로 잘 쓸 수 있는 도구가 무엇인지 고민하여 선택하자.

아직도 못 고르겠다고? 다시 말하지만 네 가지 필수 무기를 하나도 빠짐없이, 언제나 휴대하기만 한다면 어떤 종류의 도구가 됐든 전혀 상관없다. 편하고 간단하게, 그리고 즐겁게 사용할 수 있는 것이면 된다.

다음 장에서는 각각의 시간관리 무기를 하나씩 좀 더 자세히 살펴보도록 하자.

☻ 닌자의 지혜

- ◆ 생산성을 높이고 싶은 사람이라면 누구나 갖춰야 할 네 가지 무기가 있다. 할 일 목록, 일정표, 주소록, 메모 노트가 그것이다.
- ◆ 무기 세트를 **제대로** 갖추기만 한다면 도구의 **종류**는 중요하지 않다.
- ◆ 각 도구는 하나씩만 마련하고, 무기 세트는 최소한으로 유지한다.
- ◆ 즐겁게, 그리고 실제로 꾸준히 사용할 수 있는 도구로 고른다.
- ◆ 시간관리 시스템은 단순해야 한다. 대개의 경우 가장 간단한 도구가 가장 뛰어난 효과를 발휘한다. 지나치게 복잡한, 특히나 일상생활에서 사용하기 불편한 도구나 디바이스는 피한다.

😈 닌자의 훈련

시간관리를 위한 필수 무기가 무엇인지 알았으니 이제 다음 질문들을 통해 자신의 무기창고를 점검해보자.

- ◆ 할 일 목록, 일정표, 주소록, 메모 노트를 가지고 있는가?
- ◆ 빠진 것이 있다면 무엇인가?
- ◆ 같은 도구를 둘 이상 사용하고 있는가? 하나로 합칠 방법은 없는가?
- ◆ 주로 사용하는 도구는 무엇이며, 반대로 손이 잘 가지 않는 도구는 무엇인가? 그 이유는?

제대로 된 도구를 갖추었다면 이제 첫걸음은 내딛은 셈이다. 지금부터는 어떻게 해야 이 도구들을 효율적으로 사용할 수 있을지 알아보자.

🕙 시간관리 무기가 너무 많을 경우의 문제

언젠가 시간관리 코칭을 의뢰한 고객에게 현재 사용하는 시간관리 무기를 첫 번째 미팅에 전부 가지고 와달라고 요청한 적이 있다. 그러자 그는 이렇게 반문했다. "전부 다요?"

그는 테이블 위를 가득 메울 만큼 많은 물건을 바리바리 싸들고 나타났다. 각종 목록과 메모패드, 스마트폰, 심지어 커다란 탁상용 달력까지, 모두 합치면 열두 가지쯤은 족히 될 듯했다.

그가 입을 열었다. "이 많은 도구를 어떻게 다 관리해야 할지 모르겠어요!" 그리고 잠시 웃은 후 다시 덧붙였다. "이게 제 문제 중 하나겠군요!"

그는 '할 일 목록'만 네 개를 가지고 있었으며 일정표는 개인용, 업무용, 가족행사용을 각각 따로 사용 중이었다. 연락처 정보 또한 명함집을 비롯해 주소록 세 군데에 산재되어 있었다. 나는 흩어져 있는 일정표와 주소록을 스마트폰 앱 하나에 합치고 출처에 따라 색깔을 달리하여 분류하는 것이 어떨지 제안했다.

기나긴 오후 내내 우리는 그의 도구들을 통합하여 하나씩만 사용할 수 있도록 정리했다. 그가 해야 할 모든 종류의 일을 아우르는 하나의 '할 일 목록'을 만들고, 각종 연락처를 핸드폰 주소록 하나로 모았다. 마지막으로 여기저기에 기록된 일정을 앱 하나에 옮긴 후 일정의 성격에 따라 색깔로 분류했다.

이 과정을 마치고 나니 훨씬 사용하기 쉽고 단순하면서도 사용자의 성향과 필요에 잘 맞는 무기 세트가 완성됐다.

⏰ 도구인가, 장난감인가?

번쩍이며 시선을 끄는 디바이스를 보면 도구와 장난감의 차이가 무엇인가 싶어진다.

어디에서나 일을 할 수 있도록 도와주는, 마치 마법 같은 디바이스에 이끌리는 이들은 많다. 그러나 한편으로 이런 기기들은 주의를 산만하게 하고, 방해하며, 스트레스를 제공하는 주요 원인이 될 수도 있다.

스마트폰을 예로 들어보자. 위키피디아나 유튜브를 비롯해 수없이 많은 인터넷 사이트와 앱은 인류가 그동안 쌓아온 귀하고 풍부한 지식을 아낌없이 제공한다. 그러나 바로 그 기술 때문에 우리는 시간을 낭비하고, 게임에 빠지고, 일에 집중하지 못한다. 앞서 했던 실험을 기억하는가? 스마트폰은 어린 아기보다 더 자주 우리를 방해하고 관심을 요구한다. 그러나 아기와 달리 스마트폰은 시간이 지나도 자라지 않고 우리 곁에 계속 머문다!

시간관리를 잘하고 싶다면 스스로에게 물어보자. 스마트폰은 내 일에 도움이 되는가? 아니면 오히려 시간과 집중력을 빼앗는가?

생산력을 높일 수 있는 힘을 지닌 도구는 그와 동시에 집중을 방해하는 힘도 갖는다. 자꾸 스마트폰에 빠져 시간을 빼앗긴다면 종이 플래너를 고려해보는 것도 좋다. 앱의 기능이 아무리 뛰어나다 해도, 꼼꼼하게 잘 정리한 플래너는 그 어떤 최신식 디바이스든 뛰어넘을 수 있다.

그러니 자신의 도구를 자세히 살펴보면서 그것이 자신에게 정말 도움을 주고 있는지, 아니면 그냥 어른용 장난감에 지나지 않는지 진지하게 고민해보자.

Tip 3

13% 사람들만 가진
할 일 목록

: 잊고 있었던 업무를 떠올리게 해주는
할 일 목록이라면
제 역할을 다하고 있는 것이다

"할 일 목록을 좀 보여주시겠어요?"

많은 사람들이 이러한 질문에 스트레스를 받는다.

"아, 물론 저도 할 일 목록을 쓰고 있죠. 잠깐만요." 그렇게 건넨 목록은 지나치게 대충 작성되었거나 여러 군데에 내용이 흩어져 있는 경우가 대부분이다. 어떤 할 일은 플래너에, 어떤 것은 핸드폰에, 또 다른 것은 손에 잡히는 대로 아무 종이에나 기록한 것이다. 그런 상황에 이제는 자신이 스트레스를 받는다.

연구에 따르면 겨우 13%의 사람들만이 매일 적극적으로 '할 일 목록'을 작성한다고 한다.

당신은 할 일 목록을 갖고 있는가? 갖고 있다면 그것을 활발하게 사용 중인가?

이는 시간관리 능력을 개선하고 싶다는 사람들에게 내가 제일 먼저 던지는 질문이다. 같은 시간 내에 더 많은 일을 해내려면 자신이 무슨 일을 해야 하는지부터 알아야 한다. 바로 그것이 바로 '할 일 목록'의 역할이다.

앞서의 질문에 대한 답변에 따라, 시간관리를 잘하려 실제로 노력하는 사람과 '바라기만' 하는 사람을 구분할 수 있다.

> **6 6** 만약 시간관리 도구를 단 한 가지만 사용할 수 있다면,
> '잘 정리된 할 일 목록'을 주저 없이 선택해야 한다. **9 9**

할 일 목록의 임무 중 하나는 내가 해야 할 일을 나의 뇌 대신 추적해주는 것이다. 해야 할 일 하나하나를 일일이 기억하려 애쓰는 대신 할 일 목록에 기록해두면 머릿속에 여유 공간이 생기고, 지금 처리하고 있는 일에 집중할 수 있다.

가장 강력한 생산성 무기

할 일 목록은 사람들이 활용할 수 있는 가장 중요한 시간관리 도구다. 자신이 추적하고자 하는 모든 업무가 적혀 있는 이 목록은 의욕을 자극하고, 할 일을 알려주며, 일의 우선순위를 결정하는 데 도움을 준다. 필요와 취향에 따라 종이로 관리해도 좋고—일일 플래너를 쓰거나, 빈 노트에 직접 불렛저널(양식이 이미 정해져 있는 플래너와 달리 자신만의 방식과 기호로 정리하는 일정관리법_옮긴이)을 만들어 쓰는 사람들도 있다—플랫폼을 가리지 않

고 동기화할 수 있는 스마트폰 앱을 사용할 수도 있다.

좋은 '할 일 목록'은 일의 성격이나 우선순위에 따라 자신의 할 일을 구분할 수 있게 해준다. 물론 원한다면 이러한 작업을 직접 손으로 종이에 기록해도 좋다. 할 일 목록을 작성하는 목적은 모든 할 일을 추적하고 일의 진행 상황을 파악하기 위해서다. 완료한 일을 목록에서 지워나갈 때마다 기분이 얼마나 좋은지!

이렇게만 하면 어느 모로 보나 시간관리 전쟁에서 승리의 나팔을 불 일만 남은 듯하다. 그러나 이때, 기분 나쁜 통계가 서서히 모습을 드러낸다. 87%나 되는 사람들이 이렇게 간단하고 중요한 도구를 꾸준히 사용하지 않는다는 통계가 그것이다.

할 일 목록의 핵심은 매일, 하루도 빠짐없이 사용하는 것이다. 기분 내킬 때만 쓰는 것은 전혀 도움이 되지 않는다. 목록을 작성하는 의미는 당신의 할 일과 의무를 꾸준히, 지속적으로 기록하고 추적할 때에만 생긴다.

할 일 목록은 마치 든든한 친구처럼 언제나 당신의 뒤를 지켜준다. 또 한편으론 특별한 친구가 되기도 한다. 도움이 필요할 때마다 늘 곁에 있으며, 잘못된 정보를 주는 일도 없고, 할 일을 대신 기억해주는 덕분에 당신은 얼마든지 머릿속을 비울 수 있기 때문이다.

하나의 목록을 계속 유지하지 않는 행동은 **금물**이다. 새로운 할 일 목록을 매일 작성하는 사람들이 있는데 이는 매우 위험한 방식이다. 그렇게 하면 전날 목록에 있었던 할 일이 전부 사라지기 때문에 이는 마치 인생을 매일 '다시 반복'하는 셈이나 마찬가지다. 당신의 할 일은 잠을 자고 일어났다 해서 바뀌거나 없어지는 것이 아니다.

목록 쓰기를 거부하지 마라

할 일 목록을 쓰지 않는 사람들에게 그 이유를 물으면 "내가 직접 기억할 수 있으니까요."라는 대답을 자주 듣는다. 그러나 안타깝게도 사람의 기억력에는 한계가 있기에 그들은 결국 그 때문에 곤란한 상황에 처하고 만다.

우리 뇌는 수십 가지 일을 기억하는 데 적합하지 않다. 연구 결과에 의하면 인간의 '기억력'은 한 번에 네 가지 사항에 대해서만 '활성화'하도록 제한되어 있다. 한꺼번에 많은 수의 할 일을 추적하기에는 유용하지 않은 것이다. 따라서 '모든 일을 머릿속에 담으려' 노력하는 것은 지금 하고 있는 일에 써야 할 귀중한 메모리와 지능을 쓸데없이 낭비하는 것이나 마찬가지다.

또 어떤 사람들은 머릿속에 떠오른 일을 목록에 기록하고 나면 반드시 그 일을 해야 할 것 같아서 망설이게 된다고 말한다. 이는 어리석은 걱정이다. 할 일 목록은 자기 자신이 관리하는 것이므로 거기에선 언제든 새로운 할 일을 추가하거나, 기존의 할 일을 변경하거나, 더 이상 할 필요가 없어진 일을 삭제할 수 있다. 목록에 적었다는 이유로 그 일에 구속돼야 할 필요는 전혀 없다는 뜻이다. 아주 중요할 수 있는 일을 적어두지 않았다가 놓치는 것보다는 일단 적었다가 나중에 지우는 편이 훨씬 낫다.

떠오르면 적어라

사람들은 종종 어떤 종류의 일을 목록에 적어야 할지 묻는다. "아무거나 전부 다 적으면 되나요? 아니면 중요한 일만 적을까요?"

내 대답은 "전부 적으세요."다. 중요한 일이든 사소한 일이든 상관없이 머릿속에 떠오르는 모든 일을 목록에 기록하자. 일의 규모가 어떤지에도 상관하지 말고, 지금 해야 할 일은 물론 나중에 해야 할 수도 있는 일까지 모두 적도록 한다.

할 일 목록이 존재하는 이유는 내가 해야 할 일을 대신 기억해주기 위함이다. 그러니 머릿속에 떠오르는 일이 있으면 적기를 미루지 말고 즉시 목록을 꺼내서 추가하자. 겨우 몇 초밖에 걸리지 않는 행동이지만, 할 일이 생각날 때마다 이렇게 행동하기 위해서는 훈련이 필요하다.

지금 당장 해야 할 일은 무엇인가?

생산성을 높이기 위해 스스로 생각해봐야 할 핵심 질문 중 하나는 이것이다. "지금 당장 해야 할 일이 뭐지?"

이때가 바로 '할 일 목록'이 빛을 발하는 순간이다. 무슨 일을 해야 할지 모를 땐 할 일 목록을 살펴보도록 한다.

할 일 목록은 내가 해야 할 일이 무엇인지, 그리고 어떤 일이 가장 중요한지를 알려주기 위해 존재한다. 버리기 쉬운 종이에 할 일 목록을 쓰면 안 되는 이유가 이것이다. 포스트잇이나 메모지 같은 곳에 적었다가 그것을 잃어버리거나 다른 곳에 두고 오면 중요한 일을 놓칠 수도 있다.

할 일 목록은 아무데나 기록하지 말고, 단 하나만 만든 뒤 새로운 할 일들을 그것에 계속해서 추가해나가야 한다. 그래야 내가 해야 할 모든 일을 한눈에 파악할 수 있기 때문이다. 그다음 할 일이 무엇인지 언제든 추적할 수 있도록 기록을 계속 이어나가보자.

나의 생산성 메뉴판

한 가지 일을 마친 뒤 새로운 일을 시작할 준비가 되면 할 일 목록을 꼭 살펴보도록 한다. 당장 눈앞에 보이는 일, 또는 메일함의 가장 위쪽에 떠 있는 일을 하는 식으로 아무거나 그냥 고르면 안 된다. 그렇게 하면 바빠지기만 하는 데다 정작 제일 중요한 일은 하지 못하게 되니 말이다.

잠시 생각을 모으고 가다듬는 시간을 가져라. 그러면 바로 앞에 던져진 일에 생각 없이 반응하여 뛰어드는 상황을 막을 수 있다. 다음 일을 시작하기 전에 생각을 잠깐 멈추고 할 일 목록을 확인하는 습관을 들이는 것이 좋다. 어떤 일을 끝냈는지, 그다음으로 중요한 일이 무엇인지 점검해보자.

할 일 목록은 앞으로 해야 할 일을 한눈에 보여주는 '메뉴판'이다. 달리 말하자면, 할 일 목록에 없는 일은 하지 말아야 한다는 뜻이다.

66 할 일 목록은 '생산성 메뉴판'이다. 내 시간을 활용할 수 있는 모든 선택지와 우선순위를 보여주기 때문이다. 99

할 일 목록(그리고 인생)에서의 우선순위를 정해라

할 일 목록을 작성했는가? 아주 훌륭하다. 그러나 내가 해야 할 수많은 일을 길고 긴 목록으로 만드는 것은 첫 번째 단계일 뿐이다. 그다음으로 할 행동은 중요도에 따라 순서를 매기는 것이다.

할 일 목록에서 우선순위를 정해놓지 않으면 쉽지만 중요하진 않은 일에 먼저 손이 갈 확률이 높다. 그러므로 할 일 목록은 일의 중요도 순으로 정렬해놓는 것이 바람직하다.

종이 플래너를 사용한다면 우선순위에 따라 'A, B, C……' 또는 '1, 2, 3……' 등으로 기호를 매길 수 있다. 그러나 형광펜 한두 개로 줄을 긋는 방법이 대개는 더 빠르고 효율적이다.

우선순위를 정할 때에는 스마트폰 앱이 훨씬 편리하다. 목록을 다시 쓰지 않고도 순서를 재정렬할 수 있기 때문이다. 대부분의 앱은 지금 하고 있는 일, 가장 필수적인 일 등을 별도로 보여주는 기능을 제공한다.

하나의 목록이 전체를 지배한다

'하나가 지닌 힘'에서 앞서 설명한 것처럼 할 일 목록과 관련된 중요한 점은 **하나로** 통합해서 관리하는 것이다.

사람들은 흔히 가정용, 업무용 등 할 일 목록을 여러 개로 분리해서 사용하는 실수를 저지른다. 그렇게 하다 보면 목록이 여기저기 분산되고 할 일이 중복되거나 누락되는 문제가 발생한다. 각 일들의 우선순위를 비교하거나 해야 할 일이 얼마나 쌓여 있는지 전체적으로 훑어보기도 어려움은 물론이다.

두 번째 팁에서 설명했듯 반드시 '하나의 할 일 목록'을 유지해야 한다. 그 안에서 세부 항목을 구분하는 것은 가능하지만, 어쨌든 핵심은 인생의 모든 영역을 아우를 수 있는 하나의 목록을 작성하는 것이다.

할 일이 너무 많으면 한곳에 전부 모으기가 부담스러울 수 있다. 그러나 모든 할 일을 한데 모았을 때 얻을 수 있는 장점은 꽤나 **강력하다.** 할 일을 무한정 기록할 수 있는 힘, 그리고 세부 항목에 따라 분류할 수 있는 유연성을 동시에 갖고 있는 스마트폰 앱의 장점은 여기에서 잘 드러난다.

종이를 쓰든 디바이스를 쓰든, 전체 할 일 목록 중 오늘 하루 동안 할 일을 추리는 작업을 거치는 것이 좋다. 나는 이것을 '오늘의 할 일Today List'라고 부른다. 많은 앱들이 기호를 표시하거나 마감 기한을 입력하여 오늘의 할 일을 분류하는 기능을 제공한다. 그렇게 하면 오늘 내로 끝내고 싶은 일을 따로 구분해서 살펴볼 수 있다. 종이 플래너를 쓰고 있다면 형광펜을 활용하거나 옆 장에 오늘의 할 일만 따로 분리해서 적는 방법도 있다.

목록이 언제나 당신과 함께하기를

시간관리 닌자가 되고 싶다면 언제나 할 일 목록과 함께해야 한다. **언제나 말이다!** 일할 때든 친구를 만날 때든 상관없다. 좋은 아이디어나 해야 할 일이 떠오르면 언제 어디서든 즉시 기록할 수 있도록 할 일 목록은 늘 준비되어 있어야 한다.

바로 이러한 이유 때문에 나는 대부분의 사람들에게 스마트폰 앱의 활용을 추천한다. 종이 목록이 나쁘다는 뜻은 아니다. 종이 목록에도 긍정적인 장점이 많기 때문이다. 그러나 오늘날 핸드폰은 거의 모든 사람들이 항상 소지하는 물품이다.

단, 앱은 핸드폰이 꺼지면 할 일 목록도 볼 수 없다는 것이 단점이다. 눈에서 멀어지면 마음에서 멀어진다. 그리고 앞서 말했듯 제대로 훈련된 이가 아니라면 할 일 목록을 확인하려 핸드폰을 집어 들었다가도 엉뚱한 것에 빠져들어 오히려 더 많은 시간을 낭비할 수도 있다.

할 일이 언제 갑자기 생각날지 모르는데 그때마다 즉시 추가하려면 목록을 항상 몸에 지녀야 한다. 저녁식사 중이거나 회사업무를 보다가, 또는 아이가 출전하는 운동경기를 관전하다가도 아이디어가 떠오르면 그 순간 즉시 목록을 꺼내어 기록하는 습관을 길러야 한다.

여기서의 핵심은 할 일 목록을 늘 곁에 두어 본연의 역할, 즉 당신이 해야 할 일을 대신 추적해주는 역할을 충실히 이행하게끔 하는 것이다. 목록이 준비되어 있지 않으면 순식간에 떠올랐다 사라지는 생각을 제때 붙잡을 수 없다.

할 일 목록은 주의가 산만해지거나 과다한 업무량에 숨이 막힐 때마다 시간관리 닌자에게 좋은 친구가 되어줄 것이다.

🥷 닌자의 지혜

◆ 할 일 목록이 내가 해야 할 일을 기억해주는 동안 나는 현재 하는 일에 집중한다.

◆ 할 일 목록은 하나로 통합하고, 각 항목에 우선순위를 매긴 뒤 가장 중요한 일부터 처리한다.

◆ 일의 규모나 중요도에 상관없이 생각나는 것 모두를 목록에 기록한다.

◆ 할 일 목록은 항상 가지고 다닌다.

🥷 닌자의 훈련

생산성 향상에 있어 할 일 목록을 작성하는 습관이 얼마나 강력한 힘을 발휘하는지 알았으니, 이제는 자신의 목록을 들여다보며 다음 질문에 답해보자.

◆ 할 일 목록으로 어떤 도구를 사용하고 있는가? 종이 플래너? 아니면 앱?

◆ 할 일 목록을 둘 이상 관리하고 있는가? 만약 그렇다면 그 방식이 생산적이라고 느끼는가? 아니면 해야 할 일을 놓치는 경우가 발생하는가?

◆ 할 일 목록의 항목들에 우선순위를 매기는가? 그렇지 않다면 지금 바로 정리해보자. 일의 중요도에 따라 숫자나 알파벳 등으로 순서를 표기한다.

◆ 언제 어느 때나 할 일 목록을 갖고 다니는가?

⏱ 텅 빈 종이

예전에 문자 그대로 매일 새로운 하루를 시작하는—물론 시간관리 도구 측면에서—부하 직원이 하나 있었다. 그는 할 일 목록을 작성하는 도구로 노란색 메모패드를 선택했다. 그가 항상 메모패드를 갖고 다닌다는 점을 생각하면 매우 좋은 선택이었다.

자, 여기까지는 할 일 목록이 지녀야 할 미덕을 꽤나 훌륭하게 갖춘 듯 보인다. 그렇다면 그가 저지른 잘못은 무엇이었을까?

매일 아침 그 직원은 내 사무실에 들어와 물었다. "오늘은 무슨 일을 하면 될까요?" 그러면서 노란색 메모패드를 몇 장 뜯어버렸다. 그래서 어느 날 나는 그에게 불쑥 물었다. "방금 찢은 페이지에 적힌 업무는 다 뭔가?"

그는 대수롭지 않게 대답했다. "아, 그건 어제 일이에요."

나는 그가 텅 빈 종이에 할 일 목록을 매일같이 새로 작성해왔다는 사실을 알고선 깜짝 놀랐다. 그의 할 일에는 마무리도 없고 책임도 없으며 연속성도 없었다. 그날 해야 했지만 미처 마치지 못한 일인 경우에도 그대로 그냥 버려지고 잊혔으니 말이다. 그 순간 나는 그 직원이 어째서 일을 잘 까먹기로 유명한지, 동료들이 일 잘하는 직원을 꼽을 때마다 왜 거기에 늘 끼지 못하는지 갑자기 깨달았다.

그는 문자 그대로, 그리고 자진해서 자신의 할 일 목록을 매일 지우고 있었다. 아침이 되면 전날의 기억을 모두 지우고 완전히 새로운 하루를 보내는 인생이 재밌게—또는 코믹 영화의 한 장면처럼—보일 수는 있겠으나 이는 생산적으로 일하는 방식이 아니다. 할 일 목록은 계속 이어져야 한다. 마치 살아 숨 쉬는 존재와 같은 이 목록은 절대 완료되는 법 없이, 날이 바뀌고 주가 바뀌어도 쭉 이어지며 자신의 발자취가 기록되어야 한다.

자신이 '텅 빈 종이'의 희생자가 되도록 내버려두지 마라.

Tip 4

일정표가 당신의 미래를
보여준다

: 당신의 일정은 당신 것이니
일정표를 두려워하지 마라

대개의 사람들에겐 자신만의 일정표가 있다. 일정표는 내가 언제 어디에서 어떤 약속이 있는지를 알려준다. 그러나 사람들의 일정표를 가만히 들여다보면 거기 적힌 일정 중 대다수는 다른 이들을 위한 것임을 알 수 있다. 반드시 참석해야 하는 회의, 반드시 기억해야 하는 행사, 자신이 거절하지 못한 일들 등이 그 예다.

당신의 일정표는 자신이 해야 할 일을 반영하고 있는가? 아니면 다른 사람의 우선순위만 위하는 일정으로 가득 차 있는가?

자신과의 약속시간을 정해라

이처럼 흥미롭게도 많은 사람들은 자신의 일정표에 다른 사람들과의 약속만 기록한다. 여러 사람과 함께 일하는 근무 환경에 있는 사람이라면 아마 이런 현상이 더욱 익숙할 것이다. 일정표에 각종 회의를 끼워 맞추는 것을 보면 마치 그것으로 테트리스 게임이라도 하는 듯하다.

자기 시간을 자기 것으로 만들려면 먼저 일정표부터 자기 것으로 만들어야 한다. 그 어떤 것보다 당신의 시간이 최우선이라는 사실을 늘 기억해라. 한 개인의 일정표가 그저 다른 사람의 일과 우선순위로만 가득한 예를 나는 너무나도 많이 봐왔다.

일정표는 나와 내 우선순위를 위해 사용해야 한다. 그러려면 어떻게 해야 할까?

나와의 약속으로 먼저 채우기

일정표를 자신의 것으로 만드는 가장 좋은 방법은 다른 약속을 잡기 전에 자기 일정부터 먼저 채워 넣는 것이다. 나는 이것을 '자기 시간 확보하기 Blocking Your Time'라고 표현한다.

한 주가 시작하기 전—2주 전이면 더 좋다—일정표에 자신을 위한 시간을 먼저 확보해둔다. 나와 내 일을 위한 일정을 미리 적어놓는 것이다.

처음에는 마음이 조금 불편할 수 있다. 일정표에서 커다란 덩어리를 떼어내어 내 시간으로 잡아놓는 이 방식이 이기적이라는 생각도 들 것이다. 그러나 그것이 바로 당신이 해야 할 일이다.

기존 시스템을 뒤엎어야 한다. 다른 사람의 부탁을 들어주기 위한 일정 사이사이에 자신에게 중요한 일을 끼워 넣으면 안 된다. 당신의 일정표는 당신의 일정이 주도하게 만들어야 한다는 뜻이다.

그렇게 하려면 자기 자신과의 약속시간을 정해야 한다. 당신에게 중요한 일정을 일정표에 먼저 기록해두는 것이다. 개인적인 일을 위한 시간을 따로 확보해두어야만 그에 맞춰 적절한 시간을 배분할 수 있다.

> 일정표는 다른 사람과의 약속 이전에,
> 내 일과 맺는 약속을 위한 것이어야 한다.

중요한 것은 타이밍이다. 자기 일정을 위한 시간을 '미리' 떼어 놓지 않으면 남이 그 시간을 요구하는 부탁을 해올 때 거절하기가 힘들다. 그러나 일정표에 이미 자신과의 약속이 기록되어 있으면 "죄송해요. 그때 일이 있네요."라고 말하기가 훨씬 쉬워진다.

자신의 시간과 일정표를 되찾는 데 이 방법이 얼마나 빠르고 효과적인지는 직접 해보면 바로 알 수 있다. 1~2주 정도만 실천해봐도 자신의 시간에 얼마나 엄청나게 큰 변화가 생기는지 느낄 수 있을 것이다.

일정표 채우기를 겁내지 마라

일정표 채우기를 두려워하는 사람들이 있다. 그렇게 하면 하루가 너무 바쁘고 정신없이 돌아갈 것 같다고 생각하기 때문이다. 그러나 그런 현상은 일정표가 다른 사람의 부탁으로 가득할 때에만 발생한다. 자신의 우선순위와 일로 일정표를 채우면 오히려 하루가 여유로우며 스트레스도 덜해진다. 진짜 의미 있고 중요한 일을 하는 데 더 많은 시간을 할애할 수도 있고 말이다.

할 일 목록과 마찬가지로, 일단 일정표에 기록하고 나면 반드시 그 일을 해야 할 것 같다는 압박을 느낄 수도 있다. 그러나 이는 내 일정표, 내 시간이기 때문에 마음대로 약속을 바꾸는 것쯤은 일도 아니다(나만 오케이하면 되니까!).

그러니 지금 당장 일정표를 채워보자!

사람들은 대개 다른 이와의 회의, 다른 이에게서 받은 초대 등으로 일정표를 **채우고 나서** 남는 시간에 자신의 우선순위에 있는 일을 욱여넣으려 애쓴다. 반복해서 말하지만 일정표에 제일 먼저 써넣어야 하는 것은 자신에게 중요한 일이다. 중요하지 않은 일은 남는 공간에 적어두면 된다.

그렇다면 일정표에 적을 수 있는 일로는 어떤 것들이 있을까? 자신에게 의미 있는 일이라면 무엇이든 상관없다. 다음과 같은 것들은 어떤가?

- ◆ 개인적인 약속
- ◆ 운동(헬스, 조깅 등)
- ◆ 취미 생활
- ◆ 자신의 목표를 이루기 위한 시간
- ◆ 잠자기
- ◆ 명상
- ◆ 집안일
- ◆ 가족이나 친구들과 시간 보내기
- ◆ '나만의' 시간

'거절권' 행사하기

당연한 얘기지만, 당신 자신과의 약속이나 당신이 필요해서 잡은 약속뿐 아니라 다른 사람의 요청으로 일정이 생기는 경우도 있다. 그러나 이러한 일정들은 언제나 당신의 일보다 후순위라는 사실을 꼭 명심해야 한다.

나와의 약속으로 일정표를 먼저 채우는 것만큼이나 중요한 사항이 있다. 타인이 내 시간을 요구할 경우 필요에 따라 거절하는 법을 알아두는 것이 그것이다. 누군가 나를 초대했다고 해서 그것을 반드시 수락해야 하는 것은 아니다. 생일파티든 데이트 신청이든 혹은 업무상 회의든, 당신의 상황이 허락하지 않는다면 거절도 할 수 있어야 한다.

부탁을 받았다는 이유 하나로 무조건 들어줘야 할 것 같은 의무감에 시달리는 이들은 너무나도 많다. 상대와 업무적으로 얽힌 관계라면 특히나 더 그렇다. 그러나 세상일이 다 그렇듯 일정 관리에서도 균형을 지키는 것이 중요하다. 남들이 부탁하는 모든 일을 다 받아들이고선 뒤늦게 밤을 새며 후회하고 싶지는 않을 것이다. 뭐든지 적당한 것이 좋다.

디지털 일정표의 부상

통계에 따르면 거의 70%에 달하는 성인들이 디지털 일정표를 사용한다고 한다. 아마도 업무상 아웃룩Outlook이나 구글 캘린더 Google Calender를 사용하는 경우가 많기 때문일 것이다. 디지털 일정표는 핸드폰으로도 접속하기가 편해서 언제 어디서든 일정을 확인할 수 있다는 장점이 있다. 또한 일정이 다가오면 알림과 함께 관련 정보—시간, 장소, 참석자 등—을 제공하기도 한다. 반면 종이 일정표는 다음 약속에 늦었다 해서 알람을 울려주진 않는다.

디지털 일정표의 가장 큰 장점은 아마도 '클라우드 기반'이라는 점일 듯하다. 다양한 플랫폼과 동기화 및 공유가 가능하고, 따라서 둘 이상의 디바이스로도 동일하게 관리할 수 있으니 말이다. 다른 사람들과의 일정 공유는 물론 핸드폰으로 기록해둔 일정을 컴퓨터로 확인할 수 있으며, 다른 곳에 적어둔 일정을 놓칠까봐 걱정할 필요도 없다.

🥷 닌자의 지혜

◆ 나 자신과 약속을 정한다.

◆ 다른 사람들이 내 일정표를 채우기 전에 내 시간을 먼저 확보한다.

◆ 일정표 채우기를 겁내지 마라. 당신을 위한 일정으로 일정표를 채우면 오히려 생산성이 증가한다.

◆ 누군가에게 부탁이나 초대를 받았다 해서 반드시 그것을 받아들여야 하는 것은 아니다.

🥷 닌자의 훈련

다음 질문을 생각하며 몇 분간 자신의 일정표를 살펴보자.

◆ 자신의 우선순위에 있는 일들로 채워져 있는가? 아니면 다른 사람의 부탁이나 요청으로 하게 된 일이 많은가?

◆ 일정표에 기록된 약속 중 거절할 수 있는 것, 거절해야 하는 것은 무엇인가? 지금이라도 취소할 수 있는가? (내 경험에 따르면 해당 일정까지 24시간 이상 남은 상황에선 취소할 수 있다.)

◆ 다음 2주간의 일정표에서 나를 위한 시간을 먼저 확보하자. 내가 해야할 일과 목표, 우선순위를 위해 자기 자신과 약속을 잡고 그것을 일정표에 기록한다.

🕐 가족 일정표 만들기

앞서 우리는 디지털 일정표가 갖는 여러 장점을 살펴봤다. 그러나 회사에서 공유 일정표를 활용하는 사람들은 많은 데 반해 개인 생활에도 그것을 적용하여 쓰는 사람들은 그보다 훨씬 적다. 많은 가족들이 앞으로 있을 가족 행사가 무엇인지, 그리고 언제 열릴 예정인지 등의 일정을 서로 공유하지 못해 불편함을 겪고 있다.

그러나 **어렵게 생각할 필요 없다!** 가족—또는 친구—간에 공유 일정표를 만들면 회사에서처럼 개인 생활의 영역에서도 깔끔하게 일정을 정리할 수 있다. 가족 구성원 사이에서 혼란이 일어나는 것을 막고 언제 어디서 어떤 모임이 있는지 즐거운 마음으로 기다릴 수 있기 때문이다. 반면 가족 구성원으로서 해야 할 수없이 많은 의무를 그날그날 닥치는 대로 하기 위해 애쓰는 대부분의 가정은 각 행사들이 끝날 때까지 매번 혼돈에 휩싸일 뿐이다.

가족 일정표에 공유하면 좋을 만한 일정을 예로 들면 다음과 같다.

- 자녀 학교 행사
- 부부 또는 가족 동반의 직장 행사
- 부모님과의 저녁식사
- 가족 나들이
- 자녀가 참여하는 운동 경기나 취미 활동
- 여행 및 휴가

Tip 5

메모하는 습관의 마법

: 뇌에게 기억을 맡기지 말고
노트에 메모해라

필요한 정보 하나를 찾느라 시간만 잔뜩 낭비하고 결국엔 찾지 못한 적이 있는가? 전화번호, 영수증, 아니면 몇 년 전 회의 중에 남겼던 메모 등을 말이다.

지금처럼 인터넷이 모든 것을 해결해주는 세상에 살다 보면 필요한 정보가 무엇이든 손가락만 움직여 금세 얻을 수 있다고 생각하기 쉽다. 그러나 아무리 뛰어난 검색엔진도 개인적인 정보를 찾을 때에는 유용하지 않을 수 있다. 그런데 만약 메모를 한다면 어떨까.

노트 필기라고 하면 '그건 학생들이나 하는 거 아닌가' 싶은 생각이 든다. 실제로 많은 사람들이 학교를 졸업한 이후론 노트를 거의 사용하지 않는다. 그러나 노트에 메모하는 습관은 인생의 모든 영역에서 크게 도움이 된다. 직장에서도, 집에서도, 심지어 취미나 레저 활동을 할 때에도 말이다.

인간의 뇌가 매우 경이로운 장치인 것은 사실이다. 그러나 다양하고 잡다한 정보를 언제든 꺼내 쓸 수 있도록 저장하는 일에 우리 뇌는 능숙하지 않다. 단기 기억력은 용량과 지속기간 면에서 한계가 있다. 처음 만난 이들의 이름을 금세 잊어버리거나 어제 있었던 회의에서 논의한 수치가 기억나지 않는 이유도 이것이다. 또 수년 전 들었던 노래의 가사는 쉽게 따라 부르면서 겨우 몇 시간 전에 체크인한 호텔의 객실 번호는 도통 기억나지 않는 신기한 경험을 한 적도 있지 않은가?

자, 그럼 이제부터 메모 노트가 어떻게 생산성을 높여줄 수 있는 것인지 알아보자.

기록해라, 잊어버리기 전에

당신이 마지막으로 노트를 쓴 것은 언제인가? 업무 회의를 할 때? 아니면 여가시간에 수업을 듣거나 취미활동을 할 때?

메모하는 습관은 마법 같은 힘을 갖는다. 나중에 찾아볼 수 있도록 기록을 남기기도 하지만 **적는 행위** 그 자체만으로도 정보를 기억하는 데 도움이 된다는 연구 결과가 있다. 물리적으로 받아 적는 행위가 정보를 단기 기억력에서 장기 기억력으로 전환하도록 도와준다는 것이다. 따라서 노트를 들고 다니며 반복적으로 메모하고 확인하면 기억력 향상에 큰 효과를 얻을 수 있다.

간단하지 않은가? 그러니 나중에 기억을 더듬을 필요 없이 지금부터 당장 메모를 하자.

어쨌거나 메모 습관이 효율적인 시간관리에 중요한 주된 이유는 우리 뇌가 할 일을 덜어주기 때문이다. 메모를 하면 언제든지 찾아볼 수 있는 영구적인 기록이 생기는 것이므로 뇌는 그 정보를 기억할 필요가 없다(불완전한 기억을 더듬는 것보다 훨씬 효과적이기도 하고 말이다).

그렇다면 다음과 같은 질문이 떠오른다. "기록한 메모는 어디에 모아야 할까?"

메모는 한곳에

앞서 이야기한 것처럼 우선은 언제든지 메모할 수 있는 노트를 하나 마련하자. 단, 모든 메모는 **한곳에** 모아야 한다. 메모를 작성하는 행위 자체는 컵에 물을 반만 채우는 것과 같다. 다시 말해, 필요할 때 정보를 찾지 못하는 메모라면 애초에 할 이유가 없다는 뜻이다.

메모 습관과 관련하여 사람들이 흔히 저지르는 잘못 중 하나는 너무 여러 곳에 메모를 기록하는 것이다. 시간관리 무기 세트에서 가장 많은 사람들이 **빼먹는** 것이 바로 메모 노트다. 대개의 사람들은 여기저기에 노트를 몇 개씩 두고 사용한다. 일반 공책,

스프링 노트, 메모패드 등 종류도 각양각색이다.

사람들이 메모지나 노트 대신 얼마나 다양한 재료를 메모에 사용하는지 볼 때마다 나는 깜짝 놀라곤 한다. 찢어진 종이 쪼가리, 포스트잇, 그 유명한 '냅킨 뒷면'까지 말이다. 그러나 이렇게 아무데나 메모를 남기면 어떤 정보가 어디에 있는지 관리하기가 어렵다. 할 일 목록, 일정표, 주소록과 마찬가지로 하나의 노트 또는 하나의 앱이나 시스템만 활용할 것을 권한다.

모든 메모를 한곳에 하는 것이 걱정스러울 수도 있겠지만 그것으로 얻는 장점은 단점을 뛰어넘는다. 카테고리별로 구분해서 쓸 수 있다면 편리하니 종이 노트든 앱이든 그러한 것을 고르자.

종이 노트 vs. 전자노트

종이 노트와 디바이스 중 메모하기에 더 좋은 도구는 무엇일까? 이 역시 답은 '자신에게 맞는 도구'다(앞서 나온 두 번째 팁에서 '실제로 사용할 무기로 선택하기'를 참고하자). 둘 중 어느 하나가 메모하기에 더 편하다면 고민할 것도 없이 그걸로 선택하면 된다.

사실 디바이스는 꽤나 큰 장점을 가졌다. 디바이스에 메모를 저장해나가면 그동안 기록했던 모든 번뜩이는 아이디어를 언제 어디서나 확인할 수 있기 때문이다. 나는 모바일 디바이스가 활성화되기 전까지 수년간 기록했던 노트들을 책장에 모아놓았다. 좋은 정보가 그 노트들 안에 잔뜩 담겨 있는 것은 맞지만, 항상 들고 다니면서 내가 원하는 정보를 검색한다는 면에선 그다지 유용하지 않다.

언제 어디서든 내가 기록한 메모를 찾을 수 있는 것, 이는 디바이스 기반의 도구를 활용할 때 누릴 수 있는 강력한 장점이다. 애플 노트Apple Notes, 에버노트Evernote, 원노트OneNote, 데이라이트Daylite 등 취향에 따라 고를 수 있는 선택지도 다양하다. 이런 앱들의 대부분은 키워드, 해시태그, 메모한 장소 등으로 검색이 가능할 뿐 아니라 손으로 필기한 메모를 사진으로 찍으면 글자를 인식해서 저장해주기도 한다. 얼마나 놀라운가!

하루는 회의를 하던 중 수년 전에 체결한 계약서가 주제에 올랐다. 기존 계약서가 어떤 내용으로 합의되어 작성됐는지에 대해 각자 '자신이 기억하는' 내용만 가지고 논쟁하는 동안, 나는 얼른 노트 앱을 열어 당시 회의 때 남겼던 메모를 검색했다. 6년 전에 있었던 회의 내용을 정확히 기록한 메모를 찾아 보여주자 나를 제외한 모든 사람들이 말을 잇지 못했다. 짧은 시간 내에 나는 당시 회의에서 그 계약서와 관련하여 남긴 메모를 눈앞에 띄워주며 인용할 수 있었다.

그때 사람들은 너무 놀라 입을 다물지 못할 정도였다. 이처럼 시간관리 닌자는 누구든지 놀라게 할 수 있다.

무엇을 메모할까? (힌트: 전부 다)

나중에 필요할지도 모른다는 생각이 드는 것 전부를 메모해라. 지금 당장 적어두면 미래에 희미해진 기억을 떠올리느라 고생할 필요가 없다.

메모를 엄청나게 많이 하는 것도 괜찮을까? 물론이다. 그러나 모든 대화를 한 글자 한 글자 전부 받아 적을 필요는 없다. 말도 안 되게 많은 시간과 노력을 요하는 일인 데다 주변 사람들까지 미치게 만드는 일이니 말이다. 너무 많은 내용을 노트북에 입력하느라 정작 대화에 집중하지 못하는 이들을 나는 실제로 많이 봤다.

그러나 손으로 직접 받아 적는 전통적인 메모 방식 외에도 정보를 '저장'할 수 있는 방법은 많다. 다음은 기록해두면 유용한 정보들의 몇 가지 예다.

- ◆ **반복되는 질문에 대한 답:** 두 번 이상 검색한 질문이 있으면 그 답을 저장해둔다.
- ◆ **개인 정보:** 옷 사이즈, 자동차 번호, 주민등록번호 등 가족이나 자신의 개인정보는 기록해두면 유용하게 쓰인다.
- ◆ **제품 모델명:** 배터리, 전구 등의 모델명을 적어두면 제품 구매 시 도움이 된다.
- ◆ **사진:** 사진은 무언가의 현재 상태를 기록할 수 있는 가장 빠

른 방법일 때가 많다.

◆ **영수증:** 가격이 비싸거나 중요한 물건을 구매했을 때 노트에 영수증을 보관해두면 몇 년이 흘러도 간직할 수 있다.

◆ **화이트보드:** 회의 중에는 대화를 듣고 참여하는 데 집중하도록 한다. 회의가 끝난 후 화이트보드를 사진으로 찍어두면 좋다.

◆ **각종 서류:** 메모 노트는 서류를 모아두려는 목적의 도구가 아니다. 그러나 나중에 필요할지도 모르는 중요한 서류는 사진을 찍거나 스캔하여 갖고 있도록 한다.

한 장의 사진엔 1,000장의 메모와 같은 힘이 있다

'시각적 노트 필기Visual note-taking'라는 말을 들어본 적 있는가? 이는 말 그대로 노트 필기를 시각화하여 기록하는 것이다. 기술이 발전함에 따라 우리는—흠, 엄밀히 말하자면 우리가 쓰는 디바이스의 능력이지만—포토그래픽 메모리를 갖게 됐다. 몇 년 전만 해도 꿈도 꾸지 못할 능력이었지만 지금 우리에게는 스마트폰이라는 훌륭한 도구가 있기에 가능한 일이다. 현대 사회에서는 모든 사람들이 디바이스를 하나 이상 들고 다니며 거의 무제한으로 사진을 찍을 수 있으니, 우리에게 포토그래픽 메모리가 있다고 해도 과언이 아닌 듯하다.

사람들은 24시간, 7일, 365일을 항상 스마트폰과 함께한다. 이건 마치 핸드폰과 바람을 피우는 것과 다름없다고 앞서 내가 얘기했던 것을 기억하는가? 대개의 이들은 잠자리에 들 때조차 핸드폰을 옆에 둔다고 말이다(이 이야기는 뒤에서 좀 더 깊이 다루겠다).

그럼 사진으로 찍어뒀을 때 유용한 정보가 되는 것들론 무엇이 있는지 살펴보자.

- ◆ 인터넷으로 검색하기 어려운 가게의 영업 시간이나 간판
- ◆ 호텔 객실 번호
- ◆ 주차 위치(차량 번호로 주차 위치를 조회할 수 있는 주차장도 있지만 여전히 사진이 더 편하다.)
- ◆ 중요한 종이나 서류
- ◆ 구매하고 싶은 물건
- ◆ 어떤 물건을 고치려 할 때, 그 물건의 분해 전 모습

😈 닌자의 지혜

◆ 메모하는 습관을 들이면 기억력이 향상되고, 영구적인 기록을 남길 수 있다는 두 가지 장점을 갖게 된다.

◆ **아주 조금일지언정** 나중에 필요할지도 모른다는 생각이 들면 지금 당장 기록해두자.

◆ 네 가지 무기 중 전자노트는 디바이스의 장점이 가장 두드러지는 도구다. 메모한 뒤 몇 년이 지나서도 즉시 찾아볼 수 있는 아주 강력한 능력을 가졌기 때문이다.

◆ 아이디어, 생각, 요점 등을 글자로 기록하는 것만 메모라고 생각하지 마라. 사진을 찍거나 해결방안을 저장해두는 것 등도 모두 메모에 해당한다.

◆ 전자노트를 활용할 경우엔 '하나의 메모 노트'라는 표현이 적절하지 않을 수 있지만, 어쨌든 모든 메모는 한곳에 모아두자. 그래야 필요할 때 여기저기 뒤지는 수고를 덜 수 있기 때문이다. 보조 노트의 사용도 가능하지만 모든 노트를 통합해서 관리할 수 있는 방법을 마련해야 한다.

😈 닌자의 훈련

많은 사람들이 메모 노트를 제대로 사용하는 데 어려움을 겪고 있다. 반드시 한곳에 메모하는 습관을 기르고, 다음 질문을 참고하여 자신의 메모 습관을 점검해보자.

◆ 메모 노트를 하나만 사용하고 있는가? 그렇지 않다면, 둘 이상의 노트를 쓰는 것은 중요한 정보를 기억하거나 나중에 찾아볼 때 도움이 되는가?

◆ 전자노트를 사용하고 있는가? 그렇지 않다면, 스마트폰이나 클라우드를 기반으로 하는 메모 앱의 사용을 고려해보는 것은 어떤가?

◆ 오늘은 무엇을 기록했는가?

◆ 또 어떤 것들을 기록할 수 있을까? 여러 번 해결해야 했던 문제의 해답이나 반복적으로 검색했던 정보 등은 어떤가?

🕐 전자노트의 장점

시간관리 무기 중 딱 한 가지만 디바이스로 사용할 수 있다면 아마 전자노트가 가장 적절한 선택일 것이다.

많은 사람들이 디바이스로 메모하는 것에 거부감을 느낀다. 아직까지는 펜이나 연필로 휘갈겨 쓰는 것이 더 편하기 때문일 것이다. 그러나 그렇게 하면 손에 잡히는 아무 종이나 포스트잇 등에 메모를 하게 되는 경우가 많다. 그에 반해 앱 기반의 전자노트에 메모하는 습관이 갖는 유용한 점은 매우 많다.

◆ **검색 기능:** 전자노트의 가장 큰 장점은 내가 남긴 메모 **전체**를 빠르고 쉽게 검색할 수 있다는 것이다. 몰스킨Moleskin이나 다른 종이 노트는 절대 따라가지 못할 기능이다.

◆ **동기화:** 앱을 사용하면 스마트폰, 데스크톱, 웹 등 어떤 장치에서도 내가 남긴 메모에 접속할 수 있다.

◆ **백업:** 언젠가 나는 트럭 위에 올려둔 메모노트를 길에 떨어뜨리는 바람에 잃어버린 적이 있다. 글자 그대로 내 노트는 바람에 날아가버렸다. 그러나 전자노트를 사용하여 정기적으로 백업을 해둔다면 분실 위험을 막을 수 있다.

◆ **휴대성:** 전자노트는 휴대성이 매우 뛰어나서—특히 핸드폰으로 관리할 경우—언제 어디서든 갖고 다닐 수 있다. 반면 종이노트는 몇 권씩 들고 다니기가 쉽지 않다.

Tip 6

아침 5분의 기적

: 계획하는 습관은
성공적인 하루를 위한
필수 조건이다

매일 아침 집을 나서기 전에 그날의 계획을 세우는가?

대부분은 그렇지 않아서 특별한 계획이나 일정 없이 하루를 시작한다. 무엇을 해야 하고 어디를 가야 하는지는 물론 자신이 어디에 가고 싶은지조차 알지 못하는 상태에서 무작정 집을 나서는 것이다.

이런 사람들은 직장에 도착해서도 일을 시작하기 전에 커피머신 앞에만 세 번씩 들른다. 또 하루를 바쁘게 시작해야 할 급한 일도 없고, 무엇을 해야 할지 잘 모르는 채로 대부분의 시간을 흘려보낸다.

자신이 무엇을 이루고 싶은지, 또는 이뤄야 하는지를 깊이 생각하지―혹은 신경 쓰지―않고 하루를 시작하는 이들이 너무나 많다는 점을 느낄 때마다 나는 늘 놀란다. 그런 상태로 하루의 끝에 다다르면 자신이 그날 괜찮은 하루를 보냈는지를 대체 어떻게 알 수 있을까?

계획을 세우지 않는 삶은 그저 열심히 사는 척 흉내만 내는 삶과 다름없다.

매일 계획을 세워라

하루를 계획하지 않는 사람들은 대개 크게 두 가지 변명을 댄다. 하나는 '계획을 세울 시간이 없다'는 것이고, 계획을 세우면 '그것에 너무 구속당하는 것 같다'는 것이 또 다른 하나다. 이런 사람들은 그냥 흘러가는 대로 자유롭게 하루를 보내길 원한다.

그러나 이 두 가지 변명은 모두 잘못된 생각이다.

첫째, 당신에겐 하루를 계획할 시간이 **있다**. 첫 번째 팁에서 살펴봤듯 효율적인 시간관리는 그것을 위해 투자한 것보다 더 많은 시간을 당신에게 돌려준다. 계획 세우기에 몇 분만 들이면 도리어 시간을 **아낄** 수 있는 것이다. 눈앞에 주어지는 일에 대응하느라 정신없이 허둥댈 것이 아니라 뚜렷한 목적과 임무를 가지고 하루를 보내야 한다.

둘째, 하루를 계획한다 해서 당신의 생활과 일상이 그 안에 갇히는 것은 아니다. 오히려 당신은 정말 중요한 일에 마음껏 집중할 수 있으며, 그러는 동안 당신의 하루는 자연스럽게 당신을 위한 최선의 길로 흘러간다.

　시간관리는 절대로 당신을 구속하지 않는다. 그보다는 당신의 시간을 더 늘려주는 방법이라고 생각하는 것이 옳다. 하루의 계획을 미리 세우면 목적의식이 분명해지고 마음이 여유로워진다. 그렇다. 그제야 오늘 나는 무엇을 해야 하는지, 또 언제/어떻게 그 일을 해야 하는지가 명확해지는 것이다.

　내 계획은 **나 자신이** 스스로 세운 것이므로 상황에 따라 얼마든지 변경이나 수정이 가능하다. 계획을 바꾸고 싶으면 나 자신의 동의만 구하면 된다.

계획은 하루를 시작하기 전에 세우자

　하루의 계획을 세우는 일은 많은 시간이나 노력을 요하지 않는다. 고작 5분 정도, 길어도 10분을 넘지 않으니 말이다.

　그 정도 시간은 누구에게든 **분명히** 있다. 게다가 그 5분 내지 10분을 투자하면 생산성이 증가하여 결과적으로는 시간을 더 아끼는 셈이 된다니, 더 이상 망설일 이유가 없지 않을까?

　다음과 같은 단계를 거치면 간단하게 하루를 계획할 수 있다.

　◆ **일정표 확인하기:** 오늘은 언제, 어디에서, 어떤 일정이 있는

가? 미리 참석 의사를 알려주거나 취소해야 하는 모임이 있는가?

◆ **할 일 목록 확인하기:** 오늘의 할 일은 무엇인가? 중요도와 우선순위가 가장 높은 일은 무엇인가?

◆ **어제 남긴 메모 확인하기:** 어제 기록한 메모 중 일정표나 할 일 목록에 추가해야 할 것은 없는가?

이렇게만 하면 끝이다. 이제 당신은 나머지 90%의 사람들보다 훨씬 체계적으로 정리된 상태에서 하루를 시작하게 된다.

하루를 미리 계획하면 당황스러운 일을 줄이는 데 도움이 된다. 중요한 회의를 잊어버리거나 그날 일정 중 필요한 물건을 깜빡하고 집에 놓고 오는 일 등을 피할 수 있는 것이다. 이는 내가 언제 무엇을 하고 싶은지, 그러려면 무엇이 필요한지 등을 미리 파악한 상태에서 하루를 시작하는 덕분에 가능한 일이다. 겨우 5분을 투자해서 같은 일을 하는 데 들어가는 시간과 노력을 줄이면 몇 시간을 아낄 수 있는 것이다.

이제 계획 세우기를 마쳤으니 계획대로 하루를 보낼 준비를 해보자.

계획하는 습관도 좋지만 준비하는 습관은 더 좋다

계획을 세우는 습관도 물론 훌륭하지만 이제 거기서 조금만 더 나아가보자.

언제 무엇을 해야 하는지 파악함으로써 효율적인 하루를 보내는 데 필요한 기본 토대를 다졌다면, 다음으로는 실제로 그 하루를 계획대로 보내기 위해 **준비하는 단계**가 필요하다. 일정표와 할 일 목록에 있는 일을 처리할 수 있도록 미리 준비하는 과정을 거치는 것이다. 회의 때 갖고 가야 할 물건이나 중요한 행사를 위한 사전 작업 등과 같이 구체적인 업무 수행에 필요한 준비물이나 준비 사항들을 챙기는 단계에 해당한다.

이렇게 준비하는 단계를 거치면 계획의 효율성이 열 배 정도 증가한다. 계획대로 일정을 수행할 준비가 다 된 상태에서 그때그때 해야 할 일만 하면 되기 때문이다. 달리 말하자면 적은 노력으로도 더 큰 효율을 발휘할 준비를 마친 셈이라 하겠다. 이렇게 하면 업무를 미리 해두거나 재검토함은 물론, 혹 실수나 문제가 생겨도 수정하고 조율할 수 있는 시간과 여유를 얻을 수 있다.

다음과 같이 간단한 과정을 통해 하루를 준비해보자.

◆ **필요한 물건 미리 챙기기**: 서류, 참고자료 등 할 일을 처리할 때 필요한 준비물을 미리 챙긴다.

- **내 일을 위한 시간 확보하기**: 세 번째 팁에서 배운 것처럼 자신의 업무 처리에 쓸 시간을 일정표에 미리 적어둔다.
- **필요한 사전작업 해두기**: 이 단계는 마법 같은 효과를 발휘할 수 있다. 그러나 하루를 잘 보내기 위해 필요한 '숙제'를 실제로 하는 사람들은 많지 않다. 교수든, 학생이든, 가정주부든 상관없이 이런 숙제를 미리 해두면 하루를 좀 더 수월하게 보낼 수 있다.

이처럼 준비하는 습관을 들이면 성공적인 하루를 보낼 가능성도 그만큼 더 높아진다.

😈 닌자의 지혜
- 매일 하루를 시작하기 전에 계획을 세운다.
- 몇 분만 투자하면 몇 시간을 절약할 수 있다.
- '계획하기'에 이어 '준비하기'까지 마치고 나면 계획대로 멋진 하루를 보낼 일만 남는다.

😈 닌자의 훈련
잠깐 동안 오늘 하루 내가 걸어갈 길을 떠올려보는 시간을 가져라. 오늘이 거의 끝나가는 시각이라면 내일을 위한 청사진을 그려봐도 좋다. 그러고 나서 미리 준비할 수 있는 일이 무엇일지 고민해보자.

계획하기:

◆ 오늘 일정표에는 어떤 약속이 있는가?

◆ 할 일 목록에서 오늘까지 완료해야 하는 일은 무엇인가?

준비하기:

◆ 오늘 일정에서 필요한 준비물이 있는가?

◆ 미리 해둘 수 있는 숙제가 있는가?

⏰ '숙제'하기

하루를 준비하라는 것은 결국 하루가 시작하기 전에 '숙제'를 하라는 뜻이다. 학교를 졸업하는 순간 숙제와는 안녕이라고 생각했던 사람들에겐 미안한 말이지만 말이다.

제대로 준비를 갖추지 않은 상태에서 하루를 시작하는 바람에 넘어지고 휘청대는 나날을 보내는 이들은 너무나도 많다. 하지만 각각의 일정을 준비하는 데 몇 분만 들이면 하루가 얼마나 쉬워질지 생각해보라.

여유로운 하루를 위해 미리 준비할 수 있는 사항들을 몇 가지 소개하면 다음과 같다.

◆ **점심 도시락 싸기**: 너무 바빠서 식사를 건너뛰는 일은 피해라.

◆ **회의자료 읽기**: 회의자료를 **미리** 읽어 가면 회의실에서 가장 똑똑한 사람이 될 수 있다.

◆ **가방 싸두기**: 업무 또는 모임 약속 등에 필요한 준비물을 빠짐없이 챙긴다.

◆ **약속 확인하기:** 간단한 이메일이나 문자로 약속을 확인하면 다른 사람이 일정을 취소하거나 잊어버리는 바람에 당신의 시간이 낭비되는 상황을 막을 수 있다.

◆ **메일함 확인하기:** 하루를 시작하기 전에 내가 꼭 읽어야 할 이메일이 급하게 들어오지는 않았는지 확인한다.

Tip 7

하루를 시작하는 법

: 일찍 일어나
먼저 하루를 시작하는 새는
비밀스러운 닌자와 같다

오늘 당신은 몇 시에 일어났는가? 일찍 일어나서 하루를 시작 했는가, 아니면 이불 속에서 최대한 뭉그적거리다 마지막 순간이 되어서야 헐레벌떡 뛰쳐나갔는가?

하루를 성공적으로 마치느냐, 아니면 혼란 속에서 정신없이 보 내느냐의 차이는 그날 아침 기상시간에 달려 있다 해도 과언이 아니다. 일찍 하루를 시작하면 내게 중요한 일, 우선순위에 있는 일을 남들보다 먼저 처리할 수 있기 때문이다. 아침 시간을 자신 이 해야 할 일—아이 등교시키기, 출근하기 등—을 하는 데 활 용하면 그것만으로도 당신은 이미 다른 이들보다 한걸음 앞서는 셈이다.

"좋은 조언이지만 난 그렇게 일찍 일어나지 못해요."라고 말할 지도 모르겠다. 그러나 선천적으로 일찍 못 일어나는 병을 갖고 태어나는 사람은 없다.

> ** 아침형 인간이 되는 것은 선택이다. **

일찍 일어나는 새의 비밀

일찍 일어나는 새들에게는 한 가지 비밀이 있다. 그리고 그 새들은 친절하게도 그 비밀을 시간관리 닌자에게 전해주었다.

그것은 바로 '뛰어난 생산성을 보이는 사람들은 다른 이들이 눈을 뜨기도 전인 이른 아침에 더 많은 일을 한다'는 것이다. 몇몇 연구에 따르면 각 분야의 최고 위치에 오른 사람들 중 90%가 6시 전에 기상한다고 한다. 그들은 주로 날이 밝기도 전에 일어나고, 하루가 정신없이 분주해지기 전에 자신의 우선순위에 있는 일들을 처리한다. 이처럼 일찍 일어나는 습관을 들이면 남들보다 유리한 위치를 선점할 수 있다.

그렇다면 나는 오늘 몇 시에 일어났을까? 새벽 4시. 나는 거의 매일 그 시각에 일어난다.

이 답을 본 당신은 아마 움찔했을 것이다. 내 말을 들은 대부분의 사람들은 그런 반응을 보인다. 이어서 "원래 잠이 없는 체질인가봐요." 혹은 "그렇게 적게 자면 수면부족 현상에 시달릴 거예요." 같은 지적을 한다.

나는 어쩌다가 이런 슈퍼파워를 얻었을까? 글쎄, 이는 슈퍼파워라기보다는 습관에 가깝다. 오랜 연습 끝에 나는 일찍 일어나는 새가 되는 법을 배웠다. 수년에 걸쳐 체질이 아닌 노력으로 매일 일찍 하루를 시작하며 터득한 것이다.

> **❝** 누구든 일찍 일어나는 새가 될 수 있다. **❞**

늦잠에 대한 변명

나는 다음과 같은 변명을 자주 듣는다. "저는 그렇게 일찍 못 일어나요. 저한텐 불가능한 일이에요!"

솔직해지자. 당신도 그렇게 일찍 **일어날 수 있다.** 다만 그렇게 하지 않는 쪽을 선택했을 뿐이다. 많은 사람들이 하루를 늦게 시작할 수밖에 없는 선택을 한다. 매일 밤늦게까지 깨어 있거나 건강을 제대로 챙기지 않아 기력이 없거나 등 원인은 다양하다.

그러나 아이러니한 점은 일찍 일어나는 습관이 오히려 기운을 되찾아준다는 사실이다. 이른 기상 시간은 당신의 의욕을 북돋아주고, 삶의 모든 영역에서 남들보다 앞서나갈 수 있도록 도와준다.

그런데도 당신은 여전히 매일 늦게 일어나기를 원하는가?

목적과 일과 만들기

일찍 일어나는 습관이 유용한 것은 아침 시간을 생산적으로 사용할 경우에만 해당한다. 기껏 일찍 일어났는데 뉴스를 본다거나 이메일을 확인한다거나 혹은 인터넷 검색 등에 시간을 쓰는 것은 그런 비생산적인 활동을 하느라 늦게까지 깨어 있는 것만큼이나 바람직하지 않다. 그저 활동 시간을 밤에서 아침으로 옮긴 것에 불과할 뿐이니 말이다.

그렇기에 당신은 아침 일과를 만들어야 한다. 흔히들 아침 시간에는 마법 같은 힘이 있다고 이야기한다. 아침 시간은 고요하다. 일의 흐름이 끊어지거나 다른 사람이 방해를 하거나 말을 걸어올 일이 거의 없으니 말이다. 당신은 그 고요한 평화를 혼자 마음껏 즐길 수 있다.

누구의 방해도 받지 않는 이 평화로운 아침 시간에 우리는 어떤 것들을 할 수 있을까?

운동, 글쓰기, 명상, 독서를 하거나 학위 취득 준비 또는 새로운 분야를 공부하는 등 개인적인 꿈을 위한 시간으로 사용할 수 있다. 그 외에 자신에게 의미 있는 일이라면 무엇이든 좋다. 몇 분 정도는 하루를 계획하고 준비하는 데 투자해도 좋겠다. 남들이 아직 하루를 시작하기도 전에 당신은 이렇게 다양한 일들을 할 수 있다.

내 아침 일과를 예로 들면 다음과 같다.

– 오전 4시: 기상

– 오전 4~5시: 글쓰기 & 하루 계획 및 준비

– 오전 5~6시: 헬스장에서 운동

– 오전 6~7시: 아이들 등교 준비

– 오전 7~8시: (아까에 이어) 하루 계획 및 준비

– 오전 8시 15분: 업무 시작!

멋지지 않은가?

❝ 다른 사람들이 9시 출근을 위해 정신없이 서두르는 시각에
당신은 이미 그날의 가장 중요한 일이나 활동 중
몇 가지를 완료할 수 있다. **❞**

조금씩만 더 일찍

지금까지 일찍 일어나는 편이 아니었던 사람에게는 새벽 4시에 일어나는 것이 거의 불가능에 가까운 일처럼 느껴진다! 그러나 아침형 인간이 되고 싶다 해서 하루아침에 수면 패턴을 바꿀

필요는 없다.

아침 일찍 일어나라는 조언이 별로 내키지 않는다면 지금보다 딱 20분만 먼저 일어나보기를 추천한다. 아침 시간이 그만큼만 늘어도 하루가 다르다고 느낄 수 있을 것이다. 정신없이 출근 준비를 할 필요도 없고, 지각할 걱정도 없으며, 업무 시작 전에 하루를 준비할 시간도 생기니 말이다.

적응이 되면 거기에서 또 30분 정도를 당겨서 일찍 일어나본다. 출근 전에 의미 있는 일을 할 수 있을 정도로 충분한 시간이 생길 때까지 이렇게 조금씩 기상 시각을 앞당겨나가자. 다시 말하지만 그 시간을 유용하게 활용해야 일찍 일어나는 습관도 의미가 있다. 그러므로 자신의 아침 일과를 자세히 적어보고 그 시간에 무엇을 하고 싶은지 명확하게 정하는 것이 바람직하다.

아침형 인간에 가까워질수록 늦게까지 깨어 있는 습관과는 점점 멀어질 것이다. 밤늦은 시각에 하는 활동이라고는 넷플릭스Netflix로 영화 보기, 인터넷 검색하기 등 주로 영양가 없는 일들이 대부분이었다는 사실을 깨달을지도 모른다.

당신도 최선을 다해 매일 매일을 살아가는 편을 선택할 수 있다. 일찍 일어나는 새가 벌레를 잡는다. 그리고 그 벌레는 당신의 하루다. 도망가기 전에 잡아라.

아침 일찍 일어나는 것으로 하루를 시작해보자!

🥷 닌자의 지혜

* 시간에 쫓기는가? 그렇다면 하루의 시작을 좀 더 앞당겨보는 것은 어떤가!
* 남들이 꿈나라를 헤매는 동안 당신은 가장 중요한 일들을 처리해라.
* 아침 일과를 정하면 그 시간을 의미 있게 보낼 수 있다.
* 성취감과 의욕을 안고 하루를 시작해보자.

🥷 닌자의 훈련

일찍 일어나는 새가 되고 싶다면 현재 자신의 하루 일과와 활동을 돌이켜 보며 다음 질문에 답해보자.

* 주로 무엇 때문에 늦게 잠자리에 드는가? 그로 인해 비생산적인 시간을 보냈다는 생각이 들지는 않는가?
* 어떠한 변화가 필요한가? (예를 들어 일찍 자기, 컴퓨터 게임 줄이기, 하루 일과를 달리하기 등)
* 지금보다 좀 더 일찍 일어나려면 무엇을 포기해야 하는가?
* 기상 알람을 몇 시에 맞출 것인가?
* 그렇게 얻은 이른 아침 시간을 **어떻게** 보낼 것인가?
* 아침 일과에 대한 계획을 자세히 적어보자.
    * 언제, 어떤 일을 할 것인가?
    * 현재의 아침 일과가 자신의 생산성을 높이는 데 도움이 되는가?
    * 하루가 시작하기 **전에** 미리 해두면 좋을 만한 일에는 또 어떤 것들이 있을까?

⏰ 일찍 일어나는 새 vs. 늦게 자는 부엉이

일찍 일어나는 새에게는 아주 먼 친척이 하나 있다. 그것은 바로 밤을 지새우는 부엉이다. 이들은 각각 아침형 인간과 저녁형 인간을 상징한다.

저녁형 인간이라 해서 문제될 것은 전혀 없다. 그러나 대부분의 사람들은 일찍 일어날 때 더욱 성공적인 하루를 보낸다. 남들보다 먼저 하루를 시작할 수 있을 뿐 아니라 자신에게 가장 중요한 일을 하는 동안 방해를 받거나 다른 급한 일이 끼어드는 것을 막을 수 있기 때문이다.

반면 저녁형 인간은 가장 어렵고 힘든 일을 주로 하루의 마지막에 처리한다. 이 시간엔 긴 하루를 보내며 이미 상당히 지쳐버린 상태라 자신이 가진 능력의 최대치를 발휘하기가 어렵다.

다시 말하지만 이른 아침 시간보다는 늦은 밤 시간에 능률이 오르는 사람들도 있다. 만약 아침 대신 밤 시간을 활용하고 싶다 해도 그 시간을 위한 구체적인 일과는 정해놓기를 권한다. 아무런 의미도 없이 일찍 일어나는 것과 마찬가지로, 구체적인 할 일과 우선순위도 없이 늦게까지 깨어 있는 것은 전혀 생산적이지 않으니 말이다.

마무리하는 습관

: 제대로 끝마치지 않은 일은
더 많은 일이 되어 돌아온다

일을 완전히 마무리 짓지 않고 내려놓는 습관이 있는가?

당신은 할 일 중 하나를 이제 **거의 다** 끝냈다. 그런데 그다음에는 어떻게 하는가?

하던 일을 중단한다. 결승전을 코앞에 두고 **그냥** 멈추는 것이다. 그러고는 그 점을 깨닫기도 전에 다음 할 일을 시작한다. '이정도면 된 것 같아. 그렇지?'라며 첫 번째 일은 거의 다 끝냈다고 생각하면서 말이다. 그러나 '거의 다 끝낸 것'과 '완전히 다 끝낸 것'은 전혀 다른 얘기다. 이런 사람들은 첫 번째 일을 마무리하지 않은 채 두 번째 일에 몰두하거나 또는 두 가지 일을 동시에 처리하기 시작한다. 어느 쪽이든 간에 스스로 일을 더 만드는 셈이다.

지금 제대로 마무리하지 않은 일을 나중에 다시 완료하려면 얼마나 더 많은 노력이 드는지 이제부터 살펴보려 한다. 두 가지 이상의 일을 동시에 처리하는 것은 자신이 발휘할 수 있는 노력의 최대치를 분산해서 쓰는 것이나 다름없다.

잘 마무리하지 않은 일은 더 많은 일을 만든다

일을 제대로 매듭 짓지 않고 남겨뒀다가 나중에 다시 끝내려하면 애초에 필요했던 정도보다 더 큰 노력을 들여야 한다.

" 시간이 없다고? 나중에는 지금보다 더 부족할 것이다. **"**

어떤 일을 미뤘다가 다시 시작하려면 지난번엔 어느 지점에서 멈췄는지부터 확인해야 한다. **이 과정에서** 분명히 시간이 소요된다. 나는 이것을 처음부터 일을 완료하지 않아 발생한 '페널티'라고 부르는데, 이런 페널티의 종류로는 다음과 같은 것들이 있다.

- ◆ **연체료를 지불한다:** 할 일을 늦게 하거나, 기한을 넘기거나, 급하게 처리하면 벌금 등 추가적인 비용이 발생할 수 있다. 마지막 순간까지 미뤄둔 일 덕분에 먹고사는 회사들—페덱스FedEx, 아마존Amazon 등—이 생겨났을 정도다.
- ◆ **기회를 날린다:** 때로는 일을 미루다가 소중한 기회를 날리

는 페널티를 물 수도 있다. 기한에 맞춰 입사지원서를 제출하지 못하거나, 사려 했던 물건이 품절되는 경우 등이 여기에 속한다.

◆ **일이 커진다:** 제대로 마무리 짓지 않고 내버려둔 일이 점점 커지는 바람에 예전에 바로 끝냈더라면 들이지 않아도 됐을 시간과 노력이 필요해질 수도 있다. 가령 서류를 정리하거나 결재 서류를 승인하다가 도중에 멈추면, 그다음 번에는 어디서부터 그 일을 다시 시작해야 하는지 확인하는 시간—'지난번에 어디까지 결재했더라? 그 폴더가 어디 갔지?'—을 **추가로** 들여야 한다. 이처럼 일의 흐름을 끊는 것엔 값비싼 대가가 따른다. 밤새 남겨둔 설거지거리처럼 뒤로 미루면 물리적으로 더 큰 일이 되는 경우도 있다. 1주일쯤 미룬다면? 으, 상상만 해도 냄새가 나는 듯하다.

◆ **더 많은 스트레스를 받는다:** 끝까지 마무리하지 않은 일은 마음속에 빚처럼 남아 충분한 휴식이나 수면을 방해하기도 한다. 쉬어야 할 때 제대로 쉬지 못하면 그 일을 처리할 기운이 부족해지고, 그렇게 되면 스트레스도 더 많이 받는다. 악순환이지 않은가?

멀티태스킹은 업무 수행 능력을 떨어뜨린다

어떤 사람들은 자신이 멀티태스킹을 잘한다고 **생각한다.** 이런 이들은 "나는 동시에 여러 가지 일을 할 수 있어요!"라고 말한다.

그러나 멀티태스킹으로는 절대 좋은 결과나 효율적인 성과를 이끌어낼 수 없다. 핸드폰으로 문자를 보내고 있는 사람에게 말을 걸어본 적이 있는가? 이럴 때의 대화는 일방적인 방향으로만 이루어질 뿐이다. 사람들은 멀티태스킹 능력을 자랑으로 삼지만 사실 이는 생산성과 영 거리가 먼 방식이다.

멀티태스킹은 사람의 관심과 인지 능력을 분산시킨다. 때문에 멀티태스킹을 하는 사람들은 모든 능력을 한 가지 활동에 쏟아붓지 않으며 여러 활동에서 작은 성과를 조금씩 얻는다. 일반적인 성인의 경우 한 번에 여러 업무를 수행할 때 인지지능지수IQ가 15가량 떨어진다는 연구 결과도 있다. 당신은 이렇게 저하된 업무 능력을 자랑하고 싶은가?

때때로 멀티태스킹은 매우 위험하기까지 하다. 운전하면서 문자를 보내는 것이 대표적인 예다. 아참, **걸어가면서** 문자메시지를 보내는 것도 위험할 수 있다. 그러다가 입간판에 부딪히는 경험을 해본 사람이 나 혼자만은 아닐 것이다.

자신이 집중력을 쪼개서 더 많은 일을 처리하고 있다고 **생각하는** 사람도 있을 것이다. 그러나 한꺼번에 여러 일을 하는 것보다는 한 번에 한 가지씩 차례대로 처리하는 방식이 더 낫다는 사실은 여러 연구에서 이미 증명된 바 있다.

> **66** 인간의 정신은 한 번에 여러 일을 처리하는 것에 능숙하지 않다. 멀티태스킹은 질보다 양을 택하는 방식이다. **99**

'마무리' 짓기

대개의 사람들은 일을 끝까지 마무리 짓는 것에 **엄청나게** 큰 어려움을 느낀다. 그래서 보통은 할 일을 시작하고, 그것을 얼추 다 한 다음엔 다른 일로 넘어간다. 하던 일은 불완전한 상태 그대로 남겨두고서 말이다.

익숙한 얘기인가? 사람들이 일을 끝까지 완료하지 않는 데는 멀티태스킹의 영향도 있을 수 있다. 여러 일을 벌여놓고선 **어느 것도** 완전히 마무리 짓지 않는 이런 방식이 전혀 생산적이지 **않다**는 사실은 말할 필요도 없다. 하루 종일 바쁘고 힘들게 일했음에도 저녁 때가 되어 '나는 오늘 뭘 했지?'라고 생각해보면 정작 이룬 것은 **없다**.

하던 일에서 손을 떼고 중간에 끼어든 일을 먼저 처리하고픈, 그 억누를 수 없이 강한 유혹에 저항해라. 가장 좋은 방법이 뭐

냐고? 지금 하고 있는 일이 완전히 끝날 때까지는 다른 일을 시작하지 **마라.** 이는 많은 훈련과 집중을 요한다. 10분간 타이머를 맞춰놓고 온 힘을 다해 자기가 하던 일에만 집중해보자. 일단 한 번 '흐름'을 타기 시작하면 10분쯤은 순식간에 지나간다. 뿐만 아니라 이렇게 온전히 집중하는 시간은 금세 15분이 되고, 30분, 1시간…… 이렇게 늘어난다.

중요한 일을 끝까지 마무리하는 경험이 몇 번만 쌓이면, 시작만 하고 끝내지는 않았던 때보다 훨씬 좋은 성과와 효율을 낼 수 있다는 사실을 깨달을 것이다. 지금 하고 있는 일에 집중하고, 마무리할 때까지 그 일을 **놓지 마라!**

👹 닌자의 지혜

◆ 일은 끝까지 마무리 짓는다.

◆ 제대로 완료하지 않은 일을 그냥 내버려두면 나중에 더 많은 일이 되어 돌아온다.

◆ 제대로 마무리하지 않은 일은 페널티 및 그 밖의 여러 결과를 야기할 수 있다.

◆ 멀티태스킹으로 일을 처리하면 동시에 많은 일을 벌여놓는 결과만 낳을 뿐이고, 성과의 질도 떨어진다.

👹 닌자의 훈련

할 일을 끝까지 처리하는 것이 힘든 사람들도 있을 수 있다. 그러니 자신의

습관을 돌이켜보면서 일을 완전히 끝마칠 때까지 그 일에만 집중할 수 있는 방법이 무엇일지 고민해보는 것이 좋다. 다음과 같은 방법들이 도움이 될지도 모르겠다.

◆ 자신이 주로 마무리하지 않고 내버려두는 일—빨래, 가계부 정리 등—이 무엇인지 생각해보자. 그렇게 일을 제대로 끝맺지 않아 발생한 문제로는 어떤 것들이 있었는가? 배우자와 다투거나 음식이 상하지는 않았는가? 혹은 약속에 늦은 적은?
◆ 한 번에 한 가지 일만 처리하는가, 아니면 멀티태스킹을 하는가? 먼저 시작한 일이 아직 진행 중인데도 또 다른 일을 시작하지는 않는가? 그럴 경우 대개 어떤 상황이 벌어지는가?
◆ 멀티태스킹으로 처리해도 무방할 듯한 일로는 어떤 것이 있는지 생각해보자. 반면 한 번에 하나씩 처리하는 것이 더 나은 일은 무엇인가?

⏰ '마무리' 짓는 법

그동안 계속해서 멀티태스킹으로 일처리를 해온 사람이라면 아마 자신이 해야 할 일이나 프로젝트를 방치해두는 상황에 익숙할 것이다. 다음에서 소개하는 여섯 가지는 할 일 목록을 줄여나가는 데 도움이 될 만한 팁들이다.

1. '오늘의 할 일' 활용하기: 오늘까지 반드시 끝내야 할 일을 추려서 목록으로 만들어라. 대개의 경우엔 전체 할 일 목록과 따로 구분해서 만드는 것이 좋다. '오늘의 할 일'은 하루에 세 가지씩으로만 한정하기를 권한다. 오늘 하루 아무것도 이룬 것이 없다 해도 '오늘의 할 일'에 있는 일만큼은

반드시 끝내도록 한다. 그것만큼은 절대 타협해선 안 된다.

2. **업무공간 정리하기:** 사람들은 종종 잘 정돈된 업무공간이 가지는 힘을 과소평가한다. 특히 멀티태스킹으로 일하는 사람들은 업무공간이 어수선하기로 유명하지만, 정작 그들은 이렇게 말한다. "아냐, 어질러진 것처럼 보여도 이 안엔 나름의 질서가 있어." 믿을 수 없다는 눈빛을 보내기도 전에 그들은 다시 덧붙인다. "나는 뭐가 어디에 있는지 다 안다니까!" 안타깝지만 이는 자기합리화를 위한 거짓말이다. 깔끔한 업무공간은 일을 끝까지 마무리하는 데 필수적이다. 중요한 일을 시작하기 전에 5분만 들여서 주변을 정리해보자. 보기에도 좋고 기분도 상쾌해질 것이다.

3. **다른 일을 시작하고픈 유혹에 저항하기:** 아무리 단순하고 금방 끝낼 수 있는 일이라 해도 지금 하고 있는 일을 마치기 전에는 시작하지 않도록 각별히 더 주의해라. 현재의 일을 하다 말고 다른 일에 손을 뻗치려는 자기 자신을 막아라. 순서대로 처리해나가라.

4. **방해받을 가능성 피하기:** 연구에 따르면 아무리 사소한 것이라 해도 일단 한 번 방해를 받으면─"띠링!"─원래의 흐름대로 돌아가는 데 15분 이상 걸릴 수 있다고 한다. 그러므로 우선순위가 높은 일을 할 때에는 방해받을 가능성을 최소화하는 것이 좋다. 조용히 일할 수 있는 장소를 찾아라. 필요하다면 자기만의 '고독의 요새Fortress of Solitude(영화 '슈퍼맨'에서 주인공이 위안을 얻고 휴식하는 아지트이자 기지_옮긴이)'에라도 들어가라. 일단 문을 닫고 들어간 뒤에는 누군가부터 연락이 와도 응하지 마라. 당신의 생산적인 미래는 여기에 달려 있다.

5. **딴 길로 새고 싶은 유혹 차단하기:** 인터넷과 이메일은 집중력을 흐트러트리는 가장 치명적인 원인 중 하나다. 일하다 말고 갑자기 '코끼리는 왜 후각이 뛰어날까?' 등을 검색한 적이 얼마나 많은가? 이런 경험이 있는 사람이 나만은 아닐 것이다. 그렇게 인터넷 사이트를 스물세 개쯤 클릭

하고 나면 어느새 미국항공우주국NASA 우주비행사와의 인터뷰 기사에 깊이 빠져 있고, 그러다 갑자기 내가 일을 하던 중이었다는 사실을 기억해내고는 화들짝 놀란다. 이런 유혹을 차단하는 것이 의지만으로 불가능하다면 인터넷 케이블을 뽑아버려라. 도저히 안 되겠다 싶으면 프리덤Freedom이나 셀프컨트롤SelfControl 등 자신이 지정한 사이트에 접속하지 못하도록 막아주는 앱을 다운받는 것도 좋다. 짧은 기간만이라도 이렇게 아예 가능성을 제거함으로써 딴 길로 새고 싶은 유혹을 줄여라. 시간관리 닌자가 되려면 자신이 좋아하는 것들을 희생할 필요가 있다. 그리고 언젠가 결국 당신은 그 희생에 대한 보상을 받게 될 것이다.

6. **가속도 얻기:** 한 가지 일을 마치고 나면 더 많은 에너지가 샘솟는다. 어떤 일을 완료했을 때 오는 기쁨과 성취감은 생산성을 한층 배가시킨다. 일찍 일어나서 아침 시간에 첫 번째 할 일을 먼저 끝내놓는 습관이 성공적인 하루를 만드는 데 그토록 강력한 힘을 발휘하는 이유가 바로 이것, 생산성에 점점 더 가속도가 붙기 때문이다. 이것이야말로 날렵한 닌자 스타일이 아니겠는가.

Tip 9

가장 쉬운 정리정돈법

: "마지막에 쓰고 어디에 두었는지를 알면
물건을 잃어버릴 일이 없다."
- 조지 칼린George Carlin

갑자기 급한 일이 생겼는데 필요한 **물건 하나**를 못 찾겠는 상황, 이는 동서고금을 막론하고 누구에게나 익숙한 이야기일 것이다.

예를 하나 들어보자. '이미 늦어버렸네! 어떡해!' 하며 부랴부랴 서둘러 뛰쳐나갔는데 갑자기 거센 바람이 불어닥친다. 넋이 나간 채로 운전대를 잡는다. 그러고선 깨닫는다. 이럴 수가…… 믿을 수 없다. 부글부글 치밀어 오르는 화를 억누르며 급히 유턴해서 집으로 돌아간다. 차문을 닫는 둥 마는 둥 방으로 달려 들어가 옷걸이마다 바닥에 내동댕이친다. 이 상황을 설명할 수 있는 것은 딱 하나, 재킷에 발이 달린 것이 틀림없다는 점이다.

또는 이런 상황도 있을 수 있다. 매우 중요한 면접—승진할 수 있는 절호의 기회다—을 앞두고 있는데 깨끗하게 다려놓은 바지를 찾을 수 없다. 바로 **어제** 빨았는데 대체 왜!

물건을 찾지 못해 곤란해진 경험은 이뿐만이 아닐 것이다. 지난주에 구입한 물건의 영수증, 작년 겨울 이후로 낀 적이 없는 장갑 등 주변의 온갖 물건들은 이상하게도 찾으려고만 하면 꼭 자취를 감춘다.

> 66 가장 최근에 잃어버린 물건은 무엇인가?
> 그것을 찾는 데 얼마나 많은 시간을 허비했는가? 99

잃어버린 물건을 찾느라 낭비하는 시간

아마 당신은 최근에도 잃어버린 물건을 찾느라 많은 시간을 낭비한 적이 있을 것이다. **아주 많은** 시간, 어쩌면 몇 시간을 날렸을 수도 있다. 심지어 그것이 핸드폰처럼 꼭 필요한 물건이었다면? 아마 그것을 찾기까지의 몇 시간은 며칠처럼 길게 느껴졌을 것이다.

잃어버린 물건을 찾겠다고 온 집 안을 뒤집어 엉망으로 만든 경험, 결국은 포기하고 새 물건을 사러 나간 경험도 분명 있을 것이다. 할인 쿠폰, 페이백 쿠폰, 기프트 카드 등을 잃어버려 혜택을 받지 못한 경험은 어떤가? 그런 건 공짜 돈이나 마찬가지인데! 돈을 잃어버리다니!

자, 우울한 이야기는 이쯤에서 그만하자.

잃어버린 물건 때문에 속상한 경험이 많았겠지만, 정리하는 습관만 잘 들이면 이러한 문제는 얼마든지 극복할 수 있다. 지금부터 꼼꼼히 읽어보도록. 물건 분실을 예방할 수 있는 가장 좋은 방법은 쓰고 난 즉시 **제자리에 돌려놓는 것**이다.

응? 너무 당연한 이야기라고? 그 당연한 이야기를 지키지 못해서 지금까지 잃어버린 우산만 몇 개인가? 다른 곳에 두고 온 적은?

물건을 사용한 뒤 제자리에 갖다놓는 것은 어렵지 않은 일처럼 들린다. '이건 초보 수준의 조언 같군.' 싶기도 하겠지만, 이를 실제로 실천하는 건 말처럼 쉽지 않다. 하던 일을 멈추고 물건을 원래 자리에 돌려놓으려고 몸을 움직이는 훈련이 필요하니 말이다. 그런데…… 원래 자리가 어디지?

> **66** 애초에 원래 자리가 정해져 있지 않은 물건은
> 제자리에 갖다놓을 수도 없다. **99**

모든 것엔 '집'이 필요하다

이제부터 정리정돈의 비밀 중 가장 중요한 비법을 하나 알려주겠다.

> **❝ 물건을 제자리에 갖다놓으면 시간과 노력과 스트레스를 줄일 수 있다. ❞**

그러나 물건마다 원래 자리가 정해져 있지 않은 상태라면 정리정돈은 훨씬 어려워진다. 나는 물건의 원래 자리를 '**집**'이라고 표현한다.

사람이 소유한 모든 물건들은 저마다 집, 그러니까 사용 중이지 않을 때 돌아가서 쉴 수 있는 아늑한 장소를 필요로 한다. 수저, 옷, 공구 등 많은 물건들이 아마 이미 자기만의 집을 가지고 있지 않은가? 훌륭하다! 그러면 이야기를 시작하기가 쉬워진다.

> **❝ 각각의 자리가 정해져 있어서 항상 그곳에 물건을 치워두면, 다음에도 그 물건을 곧바로 찾을 수 있다. ❞**

그렇다면 **또** 어떤 물건에게 집을 마련해줄 수 있을까? 문제는 이것이다.

명확하게 집이 지정된 물건이 많을수록, 쓰고 나서 아무데나 내버려두는 대신 그때그때 제자리에 치우는 일은 더 쉬워진다. 그러나 제자리가 없는 물건은 유목민처럼 자꾸 떠돌아다니게 된다. 주변을 한번 둘러보자. 정해진 집이 없어서 마지막으로 사용한 장소에 그대로 굴러다니는 물건이 **분명히** 있을 것이다. 물건마다 집을 마련해주자!

자동차 열쇠, 펜, 이어폰 등 크기가 작은 물건은 잃어버리기도 쉽다. 그러나 와인 냉장고나 의자처럼 크기가 큰 물건을 잃어버린 적이 있는가? 황당한 이야기다. 그런데 그 황당한 일을 내가 겪었다. 그렇게나 커다란데! **대체 어떻게 하면** 그렇게 큰 물건을 잃어버릴 수 있지? 그냥 사라졌나? 3시간을 뒤진 끝에 아주 생뚱맞은 방에서 마침내 와인 냉장고를 찾아냈다. 마지막으로 쓰고 난 이후 오랫동안 까먹고 있었던 모양이다.

여기까지 읽으면서 '맞아, 나는 내 커다란 곰인형을 잃어버릴 일이 절대 없지.'라는 생각이 든다면 이는 좋은 신호다. 미래가 그렇게 절망적이지는 않으니까.

그 정도 수준에까지 이르고 싶지 않다면―음, 그러니까 다시는 와인 냉장고를 잃어버리지 않으려면―자신의 물건에게 아늑하고 따뜻한 집을 마련해주길 권한다. 다음과 같이 잃어버리기 쉬운 물건에게 제자리를 지정해주면 큰 도움이 된다.

◆ **전구:** 전구는 대개 이상한 장소에 아무렇게나 보관하기 쉽다. 전등마다 들어가는 전구가 조금씩 다를 텐데 그것들을 전부 따로따로 보관하기보다는―그러기엔 전등 개수가 너무 많다!―한곳에 모아두면 전구가 필요할 때마다 어디를 찾아봐야 하는지 쉽게 알 수 있다.

- **건전지:** 건전지를 모아두는 장소를 하나 마련해라. 종류와 상관없이 한곳에 보관하고 각각 라벨을 붙여라! 다 쓴 건전지는 즉시 폐기해서, 어떤 것이 새 건전지인지 수백 번씩 기기에 끼워봐야 하는 상황을 만들지 않도록 한다.

- **빨래바구니:** 세탁실 한쪽에 빨래바구니 놓을 공간을 마련해라. 빨래바구니는 빨래를 옮기거나 개는 데 필요한 물건이지 옷을 보관하는 곳이 아니라는 사실을 명심한다.

- **의약품, 의료기기:** 상처나 멍이 생길 때 쓸 수 있는 치료약 혹은 응급처치 용품을 담는 구급상자를 만들어라. 한 손에서 피가 펑펑 나는 동안 다른 한 손으로 잡동사니가 잔뜩 든 서랍을 뒤지는 상황은 생각만 해도 끔찍하다. **으으!**

- **손전등:** 갑자기 전기가 나가면 어디서 손전등을 찾아야 하는지 알고 있는가? 어둠속에서 카펫과 가구에 발이 걸려 휘청대며 손전등을 찾는 것은 위험할 수 있다. 손전등은 정전 시 곧바로 찾을 수 있는 곳에 보관해두자.

- **우산:** 내가 최근 제일 잘 샀다고 생각하는 수납 아이템 중 하나가 바로 우산꽂이다. 더 이상 우산을 찾아 헤매지 않아도 된다니. 이제 우리 가족 모두가 비가 오면 어디서 우산을 찾아야 하는지 알게 됐다.

- **장갑, 목도리, 모자:** 해마다 장갑이나 목도리 등을 새로 구매하고 있지는 않은가? 옷장 안에 장갑, 목도리, 모자 등 겨

울용품 보관용 상자를 마련하면 매우 유용하게 사용할 수 있다.

시간관리 닌자는 자신의 주변 환경을 능률적으로 다룰 수 있어야 한다. 정리정돈을 위한 아이디어를 몇 가지 더 소개한다.

- **수납함:** 여러 물건을 분류하여 한곳에 정리하는 데 매우 훌륭한 도구다. 비슷한 물건, 목적이 같은 물건 등은 함께 보관하면 편리하다. 바느질 도구, 구두 닦는 도구, 우산꽂이 등 아이디어를 마음껏 발휘해보자.
- **열쇠걸이:** 현관 근처에 열쇠걸이를 설치해라. 갖가지 열쇠가 책상 위, 싱크대 위, 자켓 주머니 등 여기저기에 흩어져 있는 상황은 이제 그만! 열쇠걸이를 마련해두면 열쇠가 필요할 때마다 **즉시** 손에 넣을 수 있다.
- **서랍장:** 서랍장에게 본연의 용도를 되찾아주자. 서랍장은 쓰레기 매립장이 **아닌,** 물건들이 쉴 수 있는 집이 되어야 한다. **다시는** 책상이나 작업대 위에 굴러다니는 잡동사니를 팔로 쓸어서 가까운 서랍에 담지 마라(나도 예전에는 그렇게 치웠었는데, 그때 팔에 생긴 흔적이 아직도 남아 있다). 서랍장은 쓰레기 투하 공간이 아니다!
- **드레스룸:** 드레스룸은 옷 무더기를 쌓아두는 곳이 아니라

보관하는 곳이다. 드레스룸을 깔끔하게 정리정돈하는 것은 시간과 노력과 돈을 들일 가치가 분명히 있는 일이다. 드레스룸 안에 마구잡이로 옷을 던져두지 말자. 대신 서랍장을 마련하고, 행거를 설치하고, 그 외에도 옷을 정리할 수 있는 다양한 방법들을 활용하자. 그렇게 정리해놓으면 옷을 찾을 때도 편할 뿐 아니라 드레스룸을 깔끔하게 유지하기도 쉬워진다. 드레스룸의 정리정돈 상태를 알고 싶다면 그 안을 쉽게 걸어 다닐 수 있는지 확인하면 된다. 바닥은 깨끗한가, 아니면 온갖 옷가지가 널브러져 있는가?

> ❝ 새롭게 집을 마련해줘야 하는 물건에는
> 어떤 것들이 있는가? ❞

🥷 **닌자의 지혜**
- 사용한 물건을 제자리에 갖다놓으면 나중에 그것을 찾는 시간을 아낄 수 있다.
- 각각의 물건에 집을 마련해주면 그 물건이 필요할 때 어디를 찾아봐야 하는지 알 수 있다.
- 수납함은 각종 용품을 쓰임이나 목적에 따라 보관할 때 유용하다.

아직까지 집이 정해지지 않은 물건이 있는가?

◆ 집 안을 둘러보아라. 지금 바로 치울 수 있는 물건 다섯 가지는 무엇인가? 애초에 그 물건이 왜 거기에 남겨져 있는지 생각해보자. 비난하려는 것이 **아니다**. 원인을 파악하고 다음에는 어떻게 하는 것이 좋을지 생각하는 시간을 가지라는 것이다.

◆ 세 가지 물건에게 새로운 집을 마련해주어라. 그 외에도 제자리가 필요한 물건에는 무엇이 있는가? 어디서부터 시작해야할지 모르겠다고? 앞에서 예로 든 목록을 참고해보자.

◆ 한곳에 한꺼번에 보관할 수 있는 비슷한 물건들이 있는지 고민해보자. 여러 장소에 흩어져 있는 물건을 한데 모아 분류하고 정리하는 것은 바람직한 도전이다. 이 또한 앞에서 설명한 예시를 참고하면 도움이 될 것이다.

⏰ 1년에 이틀하고도 반나절을 낭비한다

지금까지 우리는 잃어버린 물건과 그로 인해 잃어버린 시간에 대해 살펴보았다. 그렇다면 실제로 우리가 필요한 물건을 **찾는 데** 허비한 시간을 전부 합치면 얼마나 될까? 연구에 따르면 일반적인 성인의 경우, 하루에 10분을 물건 찾기에 사용한다고 한다.

> 66 필요한 물건을 찾느라 하루 10분씩만 써도 1년이면 이틀하고도
> 반나절을 버리는 셈이다. 99

잃어버린 물건을 찾는 데 매년 이틀 반이나 쓰다니!!!

그리고 물론 여기서 말하는 이틀 반에는 **골칫덩어리 와인 냉장고**를 찾느라 온 집 안을 헤집어놓았던 3시간이 포함되지 않았다. 나만 이렇게 사는 것은 아니겠지?

> 66 생각해보자. 물건을 제때 치우기만 해도 얼마나 많은 시간을
> 돌려받을 수 있다는 것인가? 이틀 반이라는 시간이 더 생긴다면
> 무엇을 할 수 있을까? 99

🕐 보관함은 보관을 위한 공간이다

드레스룸이 옷 무더기와 물건으로 가득 차서 발 디딜 틈조차 없는 경우가 생각보다 얼마나 많은지 알면 아마 깜짝 놀랄 것이다. 물건을 실제로 치울 수 있는 공간이 있으면 '정리정돈'도 훨씬 쉬워진다. 그러나 서랍장, 선반 등이 제대로 쓸 수 없는 상태라면 간단한 청소조차 쉽지 않다.

보관함은 보관을 위한 용도로만 사용해야 한다. 서랍장을 목적에 맞게 쓰고 있는가? 아니면 서랍 속에 들어가지 말아야 할 잡동사니까지 밀어 넣어서 그저 지저분한 것들을 눈앞에서 숨기기 위한 목적으로 쓰고 있는가? 아, 찔리게 하려는 의도는 아니다.

서랍장 외에도 다음과 같은 경우를 주의해야 한다.

- 빨래바구니는 빨래를 옮기기 위한 도구지, 옷을 보관하는 곳이 아니다.
- 서류 캐비닛은 서류를 보관하는 곳이지, 제대로 분류하지도 않은 종이뭉치를 잔뜩 쌓아두는 곳이 아니다.
- 수납함은 물건을 정리정돈하기 위한 도구지, 치우기 귀찮은 물건을 대충 쓸어 담아두는 곳이 아니다. 다시 말하지만 찔리게 하려는 의도는 없다.

Tip 10

5분 청소법

: 청소 스트레스를 피하는
가장 좋은 방법은
어질러지기 전에 치우는 것이다

당신은 공간을 깔끔하게 정리하고 사는 편인가? 아니면 온통 어질러진 채로 생활하는가?

앞에서 다룬 정리정돈 습관은 우리가 물건을 잃어버리는 상황을 예방하는 차원의 팁이었다. 이번에는 어질러짐을 예방하는 방법의 일환인 청소 습관에 대해 이야기해보려 한다. 물건을 쓰고 나서 제때 치우지 않으면 그 공간은 금세 어질러진다. 그렇게 하나둘 어질러지기 시작하면 공간은 순식간에 난장판이 되고, 결국엔 일부러 시간을 내서 청소를 해야 할 지경에 이른다. 이는 시간관리 닌자의 방식이 아니다.

한 사람의 전반적인 생활이 얼마나 깔끔한지 혹은 어수선한지 가늠하고자 할 때 던지는 질문이 하나 있다. **당신의 자동차 안은 깨끗한 편인가요?**

내가 이렇게 물으면 **많은** 사람들이 민망함을 내비친다. 운동

할 때 신는 러닝화, 오래전에 쇼핑한 옷, 심지어 한 번도 집에 갖다놓은 적 없는 물건 등 온갖 쓰레기와 잡동사니가 트렁크 안에서 나뒹군다. 아이가 있는 집이라면 뒷좌석까지도 엉망진창—오래된 과자, 부러진 크레용, 포켓몬 카드까지?—일 거라고 나는 거의 **확신**할 수 있다. 너무 심한 지경이라 차라리 모르는 척하는 편이 낫겠다는 생각이 들 때도 있다.

자동차 내부의 정리정돈 상태는 다른 전반적인 생활공간의 어질러짐 정도를 추측할 수 있는 좋은 지표다. 차 내부를 깨끗하게 유지하는 일은 왜 그렇게 **어려운** 걸까? 차 내부 하나도 깔끔하게 정리하지 못하는데 생활의 다른 영역은 어떻게 깨끗하게 유지할 수 있겠는가?

> **❝** 어질러짐에 맞설 수 있는 유일한 방법은
> 선수를 치는 것이다. **❞**

청소를 좋아하는 사람은 없다

어느 누구도 청소를 즐기지는 않는다. 재미있는 일이 아니기 때문이다. 아니, 솔직히 완전 짜증나는 일일 수도 있다.

그러나 청소를 제대로 하지 않으면 나중에는 자신의 자존감에도 타격을 입을 수 있다. 몇 주 동안 혼돈 속에서 살다가 어느 날 갑자기 나만의 피사의 사탑을 멍하게 바라보고 있는 자신을 발견한다. 설거지거리는 하늘에 닿을 기세로 쌓여 있고, 온갖 잡동사니가 널브러져 있는 탓에 바닥엔 발 디딜 틈이 없다. 자책이 시작된다. 애초에 이런 난장판을 만든, 혹은 미리미리 치우지 않고 이렇게까지 내버려둔 자기 자신을 탓하기 시작하는 것이다.

가족과 자신을 위한 공간을 깨끗하게 관리하는 일은 중요하다. 잘 정돈된 공간에서 일을 하면 어질러진 곳에서 할 때보다 훨씬 높은 생산성을 발휘할 수 있다는 연구 결과도 있다. 체계성, 창의성, 가시성은 깔끔한 공간에서 마음껏 활개를 치기 때문이다. 반쯤 하다가 제쳐둔 일거리가 가득한 책상 앞에서 어떻게 성장하고 보상받는 삶을 기대할 수 있겠는가?

직장뿐 아니라 집도 마찬가지로 정리된 공간일 경우 보다 편안하고 아늑하다. 물건에 발이 걸려 넘어질 일도 없고 어질러진 것을 치워야 한다는 부담감 없이 편하게 쉴 수도 있다. 그리고 앞서 설명한 것처럼 물건을 잃어버릴 가능성도 낮다.

자, 이제 진땀나는 질문이 나간다. 당신의 집은 어떤가? 책상 위는? 드레스룸은?

이 질문들에 대한 답이 전부 "엉망이에요."라면, 그 모든 난장판은 하룻밤 사이에 완성된 게 아닐 것이다. 따라서 그 많은 것을 순식간에 치울 수 있으리라 기대하기도 어렵다.

코끼리를 먹어치울 때는 한 입씩

사람들마다 집 안에 **적어도 하나 이상**은 어마어마하게 대청소가 필요한 공간이 있기 마련이다. 차고나 드레스룸, 또는 안 쓰는 방이 그런 공간일 수 있다.

그렇게 대대적인 청소는 시작할 엄두를 내기도 어려운 데다 끝까지 치우려면 몇 시간씩 소요된다. 때문에 그 엄청난 일거리를 **생각하는 것만으로도** 자신이 없어져 자꾸만 피하게 된다. 가장 흔한 핑계는 "한숨 자고 일어나서 해야겠다"는 것이다.

하루 또는 주말 전체 등 날을 잡아 청소에 쏟을 수 있는 상황이 아니라면, 청소 원정대를 조직하기도 전에 사기가 이미 꺾여버리고 만다. 그러니 청소를 계속 미루게 되는 것도 놀라운 일이 아니다!

이처럼 규모가 큰 청소거리를 해치워야 할 때 내가 쓰는 시간 절약 기술은 **한 번에 한 입씩 코끼리를 잡아먹기**다. 당연히 진짜로 코끼리를 먹으라는 뜻은 아니다. 안 그래도 코끼리는 멸종 위기가 눈앞에 닥친 동물이니까. 이 비유적인 표현을 실생활에 적용해보자. 매일 아침 15분을 커다란 청소거리의 일부분을 해치우는 시간으로 정하는 것이다.

방 또는 집 전체를 한 번에 청소하는 일이라면 쉽게 엄두가 나지 않는다. 그러나 15분만 치우면 된다고 생각하면 그 전에는 손도 못 댈 것처럼 느껴졌던 일이 한번 해볼 만한 일로 변한다.

매일 15분씩 1주일을 해나가다 보면 아무리 규모가 큰 일이라도 꽤 커다란 차이가 눈에 보이기 시작한다. 이제야 시간관리 닌자가 된 것 같지 않는가?

> **물론 이렇게 강력한 기술을 사용하면 아무리 커다란 청소거리라도 얼마든지 다룰 수 있지만, 애초에 이렇게 큰 코끼리가 생기지 않도록 막을 수 있는 방법은 없을까?**

바늘 도둑이 소 도둑 되고, 작은 난장판이 큰 난장판 된다

어질러진 물건들을 제때 치우지 않으면 점점 더 쌓이고 많아져서 마치 바이러스처럼 빠른 속도로 퍼져나간다. 어떤 것들은 문자 그대로 더욱 심하게 더러워진다. 씻지 않고 방치해둔 설거지거리처럼 말이다. 기름이 며칠간 눌어붙은 그릇을 닦아본 적이 있는가? 끔찍하다.

민첩한 시간관리 닌자는 주변이 어질러지는 즉시 정리한다. 며칠간 묵히다가 급기야 오늘 저녁은 일회용 수저를 써야 하나 고민하는—자취하는 대학생인가?—상황 따위는 만들지 않는다. 미리미리 청소하면 엄청나게 많은 시간을 절약할 수 있다. 정말이다.

> 66 싱크대에 쌓인 설거지거리는 작은 난장판이
> 큰 난장판이 되는 대표적인 예다. 식사 후 즉시 해버리면
> 몇 분밖에 걸리지 않을 일이지만 이튿날까지 미루면 훨씬 많은
> 시간이 걸리는 일이 되어버리는 것이다. 99

ABC 청소법을 배워보자

지금까지 살펴본 팁들과 마찬가지로 청소 역시 물건이 잔뜩 쌓였을 때만 하는 특별한 행사가 아닌, 정기적이고 꾸준한 습관이 되어야 한다.

ABC = Always Be Cleaning(항상 치우기)
언제? 어디를? 어떻게 치우라는 걸까?

◆ **언제:** 하루가 시작해서 끝날 때까지, 그리고 필요할 때마다 5분씩
◆ **어디를:** 여기저기. 조금이라도 어질러진 곳이라면 **어디든지**
◆ **어떻게:** 물건을 사용한 후에는 조금 귀찮더라도 한두 번 더 몸을 움직여 원래 위치에 갖다놓는다. 다음에 또 쓸지 잘 모르겠는 물건이라면 버려라.

한 가지 일을 끝마칠 때마다 매번 치우는 연습을 하면―작업후 사용한 도구 치우기, 요리 후 부엌 정리하기, 빨래가 마르면 개서 옷장에 갖다 넣기 등―일부러 시간 내서 치워야 할 만큼 공간이 더러워지는 일은 **절대** 생기지 않는다.

이는 매우 간단한 습관이지만 대부분의 사람들은 이를 막상 행동에 옮기길 어려워한다. 'ABC 청소법'은 5분밖에 걸리지 않지만 미루면 크게 후회할 일이 된다.

반복하지만, 항상 치우자

> ❝ 나중에 몰아서 치우기보다는 깔끔한 상태를 유지하는 편이 쉽다. ❞

자동차 이야기로 돌아가보자. 어쨌든 자동차는 대개의 사람들이 깨끗하게 관리하지 못하는 공간이니까.

차를 지저분하게 쓰는 사람이라면 다른 생활공간 역시 깔끔하지 않을 확률이 높다. 단, 더러운 자동차 법칙에는 재미있는 예외가 하나 있다. 새 차를 산 지 얼마 되지 않았을 경우에는 이 법칙이 적용되지 않는다는 점이 그것이다. 좋은 향기가 나는 자동차 대리점에서 방금 막 나온, 너무너무 깨끗하게 반짝이는 자동차. 이 시기는 말하자면 신혼 기간과도 같아서 사랑하는 애마에게 얼룩 하나 남지 않도록 특별히 더 관심을 쏟는다. 새 차 효과는 몇 달, 심지어 몇 년간 이어지기도 한다. 그러나 마침내 반짝이는 광이 점점 희미해지면, 그토록 사랑스러웠던 자동차 역시 또 하나의 희생양이 된다.

이 이야기에서 우리는 시간관리 닌자의 원리를 찾을 수 있다. **깨끗한 상태를 유지하는 것이 나중에 치우는 것보다 쉽다**는 원리 말이다.

이는 자동차뿐 아니라 생활의 **모든** 영역에 적용된다. 매일 5분씩 책상 위를 정리하면 책상은 언제나 깨끗한 상태를 **유지**할 것이다. 다른 길은 없다. 어느 날 갑자기 책상 위가 너무 더러워서 대형 쓰레기통과 불도저, 어쩌면 청소 훈련을 받은 원숭이 한 무리가 필요할지도 모르겠다는 생각이 떠오르는 것보다는 이런 방법을 쓰는 편이 훨씬 낫다. 매일 샤워하는 것과 같다고 생각해라. 씻지도 않은 채 1주일을 그냥 보내고 싶은 사람은 없을 테니까.

드레스룸 정리도 마찬가지다. 앞으로는 절대 드레스룸 바닥에 옷을 멋들어지게 벗어던지지 않겠다는 규칙을 세우고 실천하면, 입었던 옷을 다시 옷걸이에 걸어두는 데는 겨우 몇 초밖에 걸리지 않는다는 사실을 알게 될 것이다. 무시무시한 '드레스룸 의자 괴물'과는 이제 안녕이다. 벗어둔 옷 36벌쯤이 의자 위에 쌓여서 한밤중에 보면 이상한 사람 모양의 그림자를 드리우는 의자 괴물 말이다. 어휴, 그건 정말 무섭다.

처음 시작하기가 힘들다고? 그렇다면 타이머를 설정해서 매일 몇 분씩만 청소 시간을 가져보자. 제일 좋아하는 음악을 알람 소리로 설정하면 즐거운 마음으로 그 시간을 기다릴 수 있을 것이다!

자신의 공간을 깔끔하고 말끔하게 유지해라! 시간관리 닌자가 되는 것은 생각보다 훨씬 쉽다. 훈련을 시작하자!

> 66 'ABC 청소법'을 활용하면 업무공간을 깔끔하게
> 유지하는 것이 생각보다 훨씬 편하고 생산적인 방식임을
> 알게 될 것이다. 99

🥷 **닌자의 지혜**

- ◆ ABC 청소법이란 15분만 들이면 치울 수 있는 소소한 어질러짐이 90분 짜리 대형 괴물이 되기 전에 미리미리 치우는 방식을 가리킨다.
- ◆ 코끼리만 한 청소거리는 매일 15분간 조금씩 해치워라.

🥷 **닌자의 훈련**

생산성이 높은 시간관리 닌자에겐 청소가 자연스럽고 일상적인 습관으로 몸에 배어 있다. 꾸준히 조금씩 적을 무찌르다 보면 어질러진 공간을 치워야 하는 경우도 줄어들 것이다.

스스로에게 다음 질문을 던져보며 ABC 청소법을 복습해보자.

- ◆ ABC 청소법을 하루 일과에 적용하려면 어떻게 해야 할까?
- ◆ 하루의 시작과 끝에 ABC 청소법을 실천할 수 있지 않을까?
- ◆ 내가 치우고 정리정돈해야 할 코끼리는 무엇일까?
- ◆ 코끼리를 먹어치우는 시간으로 매일 15분을 할애할 수 있을까?

🕐 'ABC' 팁

다음은 ABC 청소법을 위한 몇 가지 팁이다.

- ◆ **사용한 물건은 제자리에:** 자신의 공간을 깔끔하게 유지하려면 기본적으로 각 물건에게 '지정된 집'을 마련해줘야 한다. 그렇게 하면 물건을 정리하는 일이 쉬워질 뿐 아니라 필요할 때에도 금방 찾을 수 있다. 즉, 여기서는 아홉 번째 팁이 **필수** 요건이다!
- ◆ **과감하게 버리기:** 청소를 할 때에는 쓸데없는 잡동사니들을 **정기적으로** 버리는 습관을 들여야 한다. 내 손에 들어온 모든 물건을 마냥 끌어안고 살 수는 **없다!** 가만히 생각해보면 아마 지금 갖고 있는 물건 중 상당수는 더 이상 사용하지 않는 것들일 가능성이 높다. 종이 뭉치, 값싼 장신구 등을 모으는 다람쥐가 되어서는 안 된다. **잘 모르겠으면 그냥 버려라.** 닌자는 빛처럼 빠르고 가볍게 움직인다.
- ◆ **나중에 치우겠다고 내버려두지 않기:** '조금만 이따가 치워야지.' '내일 치워야겠어.'라는 생각은 꽤나 큰 유혹이다. 그러나 그 꼬임에 넘어가지 마라. 청소하기에 가장 완벽한 순간은 오직 **지금**뿐이다. 작업이 끝나면 항상 즉시 정리해라. 그렇지 않으면 미래의 청소거리를 자꾸만 키워나가는 셈이 될 테니 말이다.

- **청소용 할 일 목록 만들기:** 청소용 할 일 목록 및 일정표를 만들면 일정에 따라 꾸준하고 정기적으로 청소하는 습관을 유지하는 데 도움이 된다. 요일별로 그날 해야 하는 청소거리를 지정해두면 좋다. 가령 월요일은 책상 위를 치우는 날, 화요일은 중요 서류를 스캔 및 정리하는 날, 수요일은 오래된 수집품의 먼지를 터는 날과 같은 식으로 지정하고 실행해보자.

- **코끼리 잡아먹기:** 심각하게 어질러진 공간은 한 번에 조금씩 공격하는 것이 좋다. 덩어리가 큰 식재료를 잘라서 요리하면 더 빨리 익는 것과 비슷하다. 아무리 더러운 방도 매일 15분씩 꾸준히 치워나가다 보면 어느새 해볼 만한 수준의 일로 변한다. 물론 청소하는 습관이 완전히 몸에 배면 '코끼리'만 한 청소거리 자체가 줄어들 것이다.

- **'깔끔 구역**Clear Zones**' 지정:** 여기에서의 깔끔 구역이란 내가 **항상** 깔끔하게 유지하기로 다짐한 공간을 가리킨다. 책상 위, 서류 캐비닛, 그 외 잡동사니가 쌓이기 쉬운 평평한 공간 등 쉽게 어질러지는 곳을 깔끔 구역으로 지정하고 거기만큼은 절대 더러워지지 않도록 관리한다.

- **청소는 하루도 빠짐없이:** 유치원 때 받은 교육이 평생 간다. 청소시간은 성인에게도 **매우** 중요하다. 매일 15분씩 청소시간을 정해라. 집에 돌아왔을 때 제일 먼저 해야 할 일로 정해도 좋겠다. 아침 일찍 일어나는 것에 완전히 적응했다면 집을 나서기 전에 청소를 하는 것도 좋은 생각이다. 일정표에 적어서 그 시간을 반드시 확보해보자.

하루 15분으로 쌓이는
일 처리하기

: 그동안 미뤄온 일을
하루에 한 가지씩 처리해라

하루가 끝난 후, 내가 하려고 했던 일 중 상당수엔 정작 손도 대지 못했다는 사실을 깨달을 때가 얼마나 많은가? **하나도** 하지 못한 적은? 결국은 이튿날 또는 그보다 한참 후, 그러니까 영원히 오지 않을 2월 30일쯤으로 미루곤 하지 않는가? 그러나 나중으로 미뤄서 좋은 것은 이번 달에 쓰고 남은 핸드폰 데이터뿐이다.

최근 자료에 따르면 일반적인 미국인은 할 일 목록에서 평균 열네 가지 일을 완료하지 못한 채 남겨둔다고 한다. 우리의 할 일 목록은 우리가 한 일과 해야 할 일을 꾸준히 추적하며, 그에 따라 계속해서 변화해나가야 한다! 미래에 후회할 일 목록이 아니란 뜻이다.

신경 써서 살피지 않으면 어떤 일들은 할 일 목록 사이에서 스스로 **모습을 숨긴다.** 할 일 목록에는 그대로 남아 있지만 내 눈에는 보이지 않는 것이다. 완료하지 못한 일들은 내가 미처 깨달기도 전에 점점 쌓이고 쌓여서 마침내 마음을 짓누르기 시작한다. 또 계속해서 미루기를 반복하다 보니 처음엔 급하지 않았던 일이 어느새 커다란 문제가 되어버린 경우도 있다. 어느 쪽이든 간에 나도 모르는 사이에 슬며시 골칫거리가 된 것이다.

이처럼 교묘한 녀석들을 처리하려면 우리는 그것들보다 더 교묘해져야 한다. 번개처럼 빠른 몸놀림으로 이들을 공격해라.

> 66 할 일 목록 속에 오랫동안 숨어 지내고 있는
> 일들은 무엇인가? 99

미뤄온 한 가지 일을 해라

앞서 이야기한 세 번째 팁을 잘 따랐다면, 당신은 해야 할 일 모두를 **한곳에** 적어둔 목록을 만들었을 것이다. 그러나 그 신성한 할 일 목록 사이를 오랫동안 어슬렁거리며 돌아다니는 일들이 있다. 나는 이들을 **묵은 할 일**lurkers이라고 부른다. 묵은 할 일들은 목록 속에서 몇 달간 숙식을 해결한다. 심지어 어떤 경우는 몇 년간도!

이들은 우선순위가 높지는 않지만 성가시며, 계속 마음의 짐처럼 남아 스트레스를 일으킨다. 어떻게 아무 신경도 쓰지 않을 수 있겠는가? 자신이 그 일을 미루고 또 미루고 있다는 사실을 계속해서 기억하는 한, 이들은 늘 당신의 마음과 머릿속 한구석에 자리를 잡고 있다. 그러다 보면 **이렇게 떠다니는 할 일들을 영원히 따라잡지 못할 것 같다**는 불안감이 문득문득 피어오르곤 한다.

묵은 할 일들을 처리할 수 있는 가장 좋은 방법 중 하나는 평소 같았으면 완료하지 않고 미뤘을 일을 매일 하나씩 줄여나가는 것이다. 그 일에 하루를 통째로 바치라는 뜻은 **아니다.** 대부분의 노력은 어쨌든 가장 중요한 일들을 처리하는 데 쏟아야 하지만 말이다.

> 66 묵은 할 일들을 하루에 한 가지씩만 해치워도
> 할 일 목록은 한결 가벼워진다.
> 후회 없는 나날들아, 우리가 간다! 99

목록을 줄여나가라

매의 눈으로 자신의 할 일 목록을 살펴보고, 그 안에서 장기 투숙 중인 일들이 얼마나 많은지 파악해보자. 아마 편하게 보냈던 지난날의 산물 같은 묵은 할 일들이 목록의 지저분한 밑바닥을 여유롭게 돌아다니고 있는 모습을 볼 수 있을 것이다.

이들은 오늘에서 내일로, 내일에서 모레로 꾸준히 미뤄지며 내가 던져주는 게으름을 먹고 산다. 이들만 아니면 흠 없이 완벽했을 내 할 일 목록에 들러붙어 피를 빨아먹는다. 어쩌면 **혹은** '언젠가는 할 일' 목록에서 당당하게 존재감을 뽐내며 건방진 눈빛으로 나를 쳐다보고 있을지도 모른다. 이런 일들을 한 번에 해치울 용기가 없을 때에는 차근차근 하나씩 해결하는 것이 좋다.

할 일 목록에 오랫동안 기생하는 항목들은 주로 다음과 같다.

- 운전면허시험장에 가서 운전면허증 갱신하기
- 병원 또는 치과 정기검진
- 이직 활동
- 차고 등 심하게 어질러진 곳 청소하기
- 자동차 유지보수
- 에어컨이나 공기청정기의 필터 교체
- 고지서 요금 납부
- 유언장 쓰기
- 연락 한번 해봐야겠다고 계속 생각했던 이들에게 편지 쓰기
- 드레스룸 정리
- 자동차 내부 청소
- 더 이상 사용하지 않는 중고물품 내다 팔기
- 자리만 차지하는 물건들을 동네 자선단체에 기부하기
- 사진 정리(오래된 사진 스캔해서 파일로 만들기)

- ◆ 사놓고 아직 걸지 못한 그림이나 사진을 액자에 끼우기
- ◆ 휴가지 예약

많은 사람들은 이런 일들을 처리하는 데 어려움을 겪는다. **그러나 이 일들의 대부분은 완료하는 데 겨우 몇 분밖에 걸리지 않을 정도로 간단하다.** 그런데 왜 우리는 자꾸 미루는 걸까?

- ◆ 어떻게 시작해야 할지 모르며, 알아보려고 노력할 의지도 없어서
- ◆ 시간이 얼마나 걸리는 일인지 몰라서
- ◆ 너무 바쁘고 항상 그보다 더 급한 일부터 처리해버려서

그러나 이들 중 어떤 것도 타당한 이유가 될 수는 없다. 이렇게 미루고 무시해온 일들도 얼마든지 당신의 하루에 끼워 넣을 수 있기 때문이다. 솔직히 어떤 일을 어떻게 시작해야 할지 알아보는 건 전혀 어려울 게 없다. **하고 싶지 않다**는 이유로 미룬다고 해서 할 일이 사라지는 것도 아니다. 아마 전기세 고지서는 **지구 끝까지** 당신을 쫓아갈 것이다.

오랫동안 미뤄둔 일 한 가지를 해결하는 데 하루 15분씩만 쓴다면 다음과 같은 것들이 가능하다.

- 1주일이면 묵은 일 **일곱 개**를 완료할 수 있다.
- 원래대로라면 건드리지도 못했을 일을 **한 달** 만에 **서른 개**나 처리할 수 있다.
- 1년이면 무려 365개의 묵은 일을 해치워버리는 셈이다!

이처럼 소소한 규칙과 훈련이 얼마나 큰 변화를 가져다줄지 당신이 알면 아마 깜짝 놀랄 것이다.

😈 닌자의 지혜

- 그동안 계속 미루고 피해온 일 중 하나를 매일 선택한다.
- 그 한 가지 일을 '오늘의 할 일' 목록에 올리고 우선순위를 높게 매긴다.
- 아침 일찍 일어나 그 일을 먼저 완료하면 그날 하루를 힘차게 보낼 수 있는 원동력을 얻을 뿐 아니라 일하는 도중에 방해를 받을 가능성도 차단할 수 있다.
- 젊은 닌자여, 이처럼 강력한 지혜 한 조각을 받아들이면 그동안 미뤄온 일을 마침내 하루에 하나씩 쳐나가는 것이 가능해진다. 지금은 급하지 않지만 계속 무시했다가는 언제 급한 일로 변할지 모르는 일들을 미리 처리할 수 있는 것이다.

😈 닌자의 훈련

자, 이제 닌자의 기술을 직접 시험해보자. 시간관리의 대가가 되려면 타협 없이 날카롭고 매서운 눈으로 자신을 점검해야 한다. 수 주, 수개월간 할 일 목록에 머물면서 당신의 의욕을 잠식해온 일들은 무엇인가? (약간은 과장일 수 있지만 이 나쁜 녀석들은 정말로 우리를 갉아먹는다.)

◆ 자신의 할 일 목록을 살펴보고 '오늘의 할 일'을 추린다.
◆ 그동안 계속 미루기만 해온 일 중 하나를 골라 '오늘의 할 일'에 추가한다.
◆ 네 번째 팁에 따라 그 일을 할 시간을 정하고 일정표에 먼저 기록한다. 몇 분밖에 걸리지 않는 일이라 해도 반드시 시간을 확보해두자.

⏰ '언젠가는 할 일' 목록이 파놓은 숨은 함정

거의 모든 사람들의 할 일 목록에는 '언젠가는 할 일'로 미뤄둔 항목들이 있다. 실제로 많은 앱들이 사람들의 이러한 욕구를 예상하여 언젠가는 할 일을 따로 지정할 수 있는 기능을 제공한다. 물론 지금 당장은 할 필요가 없지만 나중에는 하고 싶어질지도 모를 일을 적어두기에는 '언젠가는 할 일' 목록이 매우 적절하다.

그러나 **반드시** 꼭 끝내야 할 일이 '언젠가는 할 일' 목록으로 들어가면 숨은 함정이 될 수 있다. 일단 한 번 '언젠가는 할 일' 목록으로 분류되고 나면 눈에서 멀어지고, 대개의 경우엔 마음에서도 멀어지기 때문이다.

'언젠가는 할 일' 목록 속에 숨은 일들은 계속해서 미뤄지기 쉽고, 그대로 내버려두면 기약 없이 당신의 마음을 괴롭힐 수도 있다. 어떤 사람들은 '언젠가는 할 일' 목록에 있는 일들을 **몇 년씩** 묵혀두기도 한다. 내 친구 하나는 딸이 태어나면서 가족 유언장을 업데이트하려 했으나 계속 미루고 미루다 보니 그 딸이 어느덧 여섯 살이 됐다고 한다!

'언젠가는 할 일'—일단 완료하고 나면 내 인생에 의미와 질서를 더해줄 일들'—목록이 '영원히 하지 못할' 목록이 되기 전에 해결할 수 있는 강력한 방법은 오직 '원래대로라면 하지 않았을 일을 하루에 한 가지씩 하는 것'이다.

Tip 12

생산적인 하루를
보내는 법

: 정신없이 바쁘게 일했다 해서
하루를 의미 있게 보낸 것은 아니다

아침부터 저녁까지 문자 그대로 잠시도 쉬지 못한 채 눈코 뜰 새 없이 바쁜 하루를 보낸 적이 있는가? 식사 시간을 갖기는커녕 숨 돌릴 틈도 없이 달리고, 달리고, 또 달리는 날이 있다. 마침내 하루가 끝나 소파에 풀썩 몸을 뉘었지만, 온종일 미친 듯이 바쁘게 일한 것치고는 정작 이렇다 할 성과가 별로 없는 것 같은 기분이 든다.

그런데 그 찝찝함은 단지 기분 탓에 든 게 아니었다. 할 일 목록을 들여다보니 그렇게 부지런을 떨었음에도 가장 중요한 일들은 손도 대지 못한 것이다.

어떻게 이런 일이 있을 수 있지?

생산성이란 '일을 완료'하는 것

지금부터는 다소 가혹한 이야기를 좀 하겠다. 사람들은 종종 바쁘게 일하는 자신의 모습에 뿌듯해하고, 열심히 일할수록 더 많은 성과를 낼 것 같다고 느낀다.

그러나 그것은 **바쁨**과 **생산성**을 혼동하는 **착각**이다.

똑같이 숨 막히게 바쁜 하루에 약간의 변화를 줘보자. 끝도 없이 내게 주어지는 일들에 즉각 대응하기보다는, 할 일 목록 중에서 우선순위가 가장 높은 것부터 차례대로 처리하기로 결심해라. 그러면 하루가 끝난 뒤 자신의 할 일 목록을 보면서 훨씬 더 큰 보람을 느낄 수 있을 것이다.

> **❝** 중요한 것은 일의 양이 아니라 '의미 있는 일을 얼마나 많이 했는가'다. 바꿔 말하면, 중요하지 않은 일을 얼마나 적게 했는지가 관건이라 할 수도 있겠다. **❞**

이 팁은 개인적인 생활 영역에서 특히 더 중요하다. 우리에게 주어지는 자유시간은 사실 많지 않기 때문에, 그 시간은 반드시 내게 의미 있는 사람들 및 활동에 사용해야 한다.

직장에서 바쁜 것을 경계해라

많은 사람들에게 직장은 생산성이 갖는 아이러니가 잘 드러나는 곳이다. 생산성을 높이는 방법이라며 직장에서 가르치는 것들은 **대개** 생산성을 저하하는 나쁜 습관인 경우가 많다('대개'라고 표현하긴 했지만 거의 대부분일 거라고 나는 확신한다).

일의 능률이 아닌 **바쁜 정도를** 능력의 척도로 삼는 잘못을 저지르는 회사는 많다. 기업들은 **실제로** 결과를 내는 사람들보단 바쁘게 뛰어다니는 것처럼 **보이는** 사람들을 더 인정해준다. 이는 대부분의 회사들이 당면한 숙제다.

이런 현상이 흔하게 일어나고 있다는 사실은 농담이 아니다. 바쁨을 기준으로 **보상하는** 회사는 나 역시 숱하게 봐왔다. 예를 들어 어떤 회사에서는 가장 많은 이메일을 보낸 임원에게 상을 주었고, 또 어떤 회사에서는 24시간 내내, 7일 내내 일하는 직원을 표창했다. 그러나 안타깝게도 이 예에서 상을 받은 직원들은 동료들 사이에선 능률이 떨어지기로 유명했음은 물론, 심지어 다른 직원들의 일처리를 **더 힘들게** 만들기까지 했다.

멀리 떨어진 곳에서 보면 바쁘게 일하는 사람이 생산성도 높은 것 같다. 어쨌든 많이 일하니까 성과도 더 많이 내겠지! 그렇지 않은가?

아니, 반드시 그런 것은 아니다. 다음 사례를 보면 바쁜 사람이 꼭 생산적인 것만은 아니라는 사실을 알 수 있다.

◆ 한 부장급 직원은 회사 복도를 지날 때면 일부러 뛰어다닌다고 말했다. "내가 급하게 뛰어가는 모습을 보면 사람들은 내가 중요한 일을 하고 있다고 생각하거든요." (그는 진짜로 이렇게 말했다.)

◆ **사사건건** 회의를 소집하는 것으로 유명한 관리자가 있었다. 누군가에게 무엇인가를 물어봐야 할 일만 생겨도 그는 회의를 소집하고선 이메일을 보내서 묻는 것이 나을지, 전화를 하는 것이 나을지를 사람들과 논의하곤 했다.

> ❝ 직장에서 바쁜 것이 곧 성과는 아니다.
> 이처럼 역효과를 낳는 태도를 보상하는 회사는 결코
> 성공할 수 없다. ❞

적게 일하고 많이 성취해라

자, 생산성은 높지만 바쁘지는 **않은** 사람이 되고 싶은가? 능률적인 닌자는 자신의 행동과 시간을 신중하게 다룬다. 정신없이 서두르기만 하며 하루를 보내기보다는 가장 의미 있는 일에 자신의 시간과 집중력을 쏟는 것이다.

다른 사람들이 바쁘게 여기저기 뛰어다니는 동안, 성공한 사람들은 그다지 힘들이지 않고 여유로이 하루를 보내는 것처럼 보이는 경우를 접하는 적이 있다. 그들의 비밀은 무엇일까? 그들은 바쁨과 생산성의 차이를 알고, 가치를 창출하지 않는 일에는 시간을 낭비하지 않는다. 이런 사람들은 동료들에 비해 일하는 시간은 '적지만' 그 결과에는 더 큰 영향을 미친다.

그러니 자신이 숨 돌릴 틈도 없이 허둥대며 하루를 보내고 있다면 **잠시 멈춰서 집중력을 재정비해라.** 그리고 지금 내가 하고 있는 일이 결과에 도움이 되는 일인지, 아니면 그냥 바쁘기만 한 일인지 생각해보자.

적게 일할수록 더 많이 이룰 수 있다. 사소한 일은 적게, 중요한 일은 많이 해라. 바쁘기보다는 생산적인 하루를 보내는 데 도움이 될 팁을 몇 가지 소개한다.

◆ **우선순위 정하기:** 앞서 말했듯 많은 사람들이 할 일 목록만 적어놓고 우선순위는 정하지 않는다. 이를 반영하듯, 할 일 목록을 우선순위에 따라 쉽게 정렬할 수 있는 기능을 제공하는 앱도 찾아보기가 어렵다. 할 일 목록은 중요도가 높은 것부터 낮은 것 순으로 정리해야 한다.

◆ **하루 일정 계획하기:** 내게 중요한 일을 할 시간을 정하고(네 번째 팁 참고) 계획에 따라 미리 준비하면(여섯 번째 팁 참고) 매일 하루를 최대한 알차게 보낼 수 있다.

◆ **일을 완료하는 데 집중하기:** 여러 일을 시작만 해놓고 제대로 마무리하지 못하는 것보다는 중요한 일 몇 가지를 완전

히 끝내는 편이 훨씬 낫다.

◆ **현재에 집중하기:** 지금 하고 있는 일에 모든 관심을 쏟아라.
집중력이 성과를 낳는다.

🥷 **닌자의 지혜**

◆ 바쁘다고 해서 반드시 중요한 일을 하는 것은 아니다.

◆ 우선순위가 높은 일에 집중하면 적게 일하고도 많은 성과를 거둘 수 있다.

◆ 서두른다고 결과가 나오지는 않는다. 우선순위에 집중하는 것이 가치를
낳는다.

🥷 **닌자의 훈련**

최근 자신의 업무 일과를 돌이켜보자.

◆ 하루 종일 바쁜 하루를 보냈는가?

◆ 우선순위에 집중할 수 있었는가? 아니면 너무 바빠서 눈앞에 보이는 일
을 처리하는 데만 급급했는가?

◆ 중요하다 생각하면서도 계속 미루고 있는 일이 있는가?

◆ 좀 더 효율적인 하루를 보내기 위해 자신의 하루에서 없애야 할 부분은
무엇인가?

⏱ 바쁜 회의를 경계하라

직장에서 회의를 할 때에는 특히 더 조심해야 한다. 여기에는 매우 타당한 이유가 있다. 많은 회사에서 업무회의는 시간을 제일 많이 낭비하는 요소 중 하나기 때문이다.

관리자 위치에 있는 직원들은 업무시간의 30% 이상을 회의에 소비한다는 설문조사 결과가 있다. 임원의 경우 이 수치는 **50%** 이상으로 증가한다. 미국에서는 '회의하다가 죽는다.'라는 말이 있을 정도다. 수많은 직장인들이 여기에 공감할 것이다. 하지만 관리자들은 이 사실을 조금도 알아차리지 못한다. 무슨 일만 생기면 거의 무릎반사처럼 회의를 소집하고, 그런 팀은 오래지 않아 일하는 시간보다 회의하는 시간이 더 많아진다.

관리자들은 좋은 의도에서 한 것이겠지만, 그들의 필사적인 노력은 궁극적으로 봤을 때 오히려 스스로를 망가뜨리는 결과를 낳는다. 그들은 애초부터 직원들이 문제를 직접 해결해보도록 내버려두기보다 끝없는 회의로 그들을 옭아맨다. 더 최악인 것은, 대부분의 업무회의는 이렇다 할 계획과 체계도 없이 오히려 시간을 **더** 낭비하는 방향으로 진행된다는 점이다. 명확한 주제도 없고, 회의 참석자는 지나치게 많으며, 그래서 어떻게 하자는 것인지 구체적인 결과를 도출하지도 않는다.

물론 모든 회의가 나쁘다는 뜻은 아니다. 팀원들 간에 업무를 공유하거나 해결책을 논의하려 할 땐 회의가 매우 훌륭한 방법일 수 있다. 그러나 회의를 위한 회의는 비생산적이다.

일하는 시간보다 회의하는 시간이 더 많은 회사를 경계해라. 이런 회사들은 바쁨과 생산성을 혼동한다. 성과도 없이 바쁘기만 한 하루는 우리 시간 관리 닌자들이 가장 원치 않는 삶이다.

Tip 13

시간관리는
목표를 달성하기 위한 것

: 시작하지 않는 한
목표는 절대로 이룰 수 없다

최근에 친구와 인생에 대한 이야기를 나누던 중 이런 말을 들었다. "내가 오랫동안 바랐던 큰 꿈이 몇 가지 있는데 이젠 그걸 이룰 시간이 별로 남지 않은 것 같아." 곧 은퇴를 앞두고 있었던 그는 자신이 품었던 커다란 야망 중 많은 것들을 지금까지 미뤄왔다는 생각에 괴로워했다. 언제나 일을 먼저 돌보느라 개인적인 꿈은 뒷전이었던 것이다.

그의 목표 중 하나는 자신이 그간 일하면서 배우고 느낀 것들을 가르쳐주는 리더십 강의를 하는 것이었다. 나는 친구에게 얼마나 오랫동안 그 강의를 구상해왔는지 물었다. 친구는 잠시 생각하더니 마침내 이렇게 대답했다. "와, 거의 10년이네." 나는 그의 목소리 끝이 갈라지는 것을 들을 수 있었다.

"그런데 어째서 이루지 못한 거야?"

"음, 아예 시도조차 안 했던 것 같아." 그가 힘없이 말했다.

"'언젠가는 하겠지.'라고만 늘 생각했었어."

'언젠가'라는 날은 없다

언젠가는 할 것이라 생각하며 스스로 합리화하고 있는 목표가 있는가? 내 친구가 그랬듯 당신도 오랫동안 묻어두었던 자신의 꿈을 잠시 떠올려보자. 만약 당신에게도 그런 소중한 꿈이 있다면—아마 있을 것이다—매우 중요한 사실을 하나 알려주고 싶다.

'언젠가 이뤄질 꿈'이란 것은 세상에 없다. 달력에는 월요일부터 일요일까지만 있을 뿐, '언젠가'라는 날은 존재하지 않는다.

> ❝ '언젠가'는 월요일이나 화요일처럼 실존하는 날이 아니라
> '절대로 오지 않는 날'의 또 다른 말일 뿐이다.
> — 로버트 헤이야비치Robert Herjavec, 《이기려는 의지: 앞서기, 경쟁하기,
> 성공하기The Will To Win: Leading, Competing, Succeeding》의 저자 ❞

'언젠가'라는 계획으로는 꿈을 이룰 수 없다. '언젠가'는 **영원히** 도래하지 않기 때문이다. 그러므로 일단은 첫 번째 걸음을 떼야 한다. 마냥 기다릴 시간이 없다. 지금 현재 내게 허락된 유일한 하루, 바로 **오늘** 해야만 한다.

'오늘'이란 날도 달력에는 없지 않냐고 비꼴지도 모르겠다. 하하, 매우 재치 있는 지적이다. 그러나 나는 **온 힘을 다해** 그 말에 반대한다. '오늘'은 달력에 매일같이 존재한다. 아침 해가 밝아오고 잠자리에서 눈을 뜰 때마다 오늘이 시작된다. 내가 제어할 수 있고 행동할 수 있는 단 하나의 날이 오늘이다.

> **"** 오늘, 시작해야 한다. **"**

작은 것부터 오늘 시작해라

사람들이 자신의 목표를 이루기 위한 노력을 시작하지 못하는 이유는 겁을 먹기 때문이다. 어디서부터 어떻게 시작해야 할지, 심지어는 무엇이 필요한지조차 모른다.

괜찮다. 중요한 것은 **첫걸음을 뗐다**는 것이지, 그 걸음이 얼마나 보잘 것 없게 보이는지가 아니니까. 아무리 작더라도 매일 한 걸음씩 이어지면 그것이 곧 꿈을 향해 나아가는 길이 된다. 부담을 가질 필요도, 지레 판단할 필요도 없다. 해보지도 않고 실패하지 마라.

책을 쓰는 것이 꿈인가? 짤막한 메모나 줄거리라도 적어라.

몸을 만들고 싶은가? 헬스장에 가거나 산책이라도 나가라.

새로운 기술을 배우고 싶은가? 전체적인 개요라도 훑어봐라. 아니면 강의를 들어도 좋다.

새로운 일을 하고 싶은가? 구직 활동을 해라.

바로 오늘, 딱 한 걸음만 나아가도 완전히 다른 내일을 맞이할 수 있다. 오늘 더 많이 행동할수록 미래에 얻을 성공은 더 커질 것이다.

> **66** 목표를 이루기 위해 오늘 산 하나를 넘을 필요는 없다.
> 그러나 그 작은 발걸음이 하나둘 모일 때 우리는 꿈을 향해
> 한층 더 나아갈 수 있다. **99**

다른 사람들에게 내 목표를 얘기하는 건 위험할까?

잠시 다른 이야기를 좀 하자면, 자신의 목표를 다른 사람들에게 말하면 안 된다고 믿는 사람들이 있다. 자기가 하고 싶은 일을 말하고 다니면 정작 행동으로 옮기지는 못하게 된다는 것이 그들의 주장이다. 그러나 나는 거기에 동의하지 않는다. 나는 사람의 소망이 언제나 마음의 가장 중심에 있어야 한다고 생각한다. 또한 자신의 목표를 이루기 위한 구체적인 계획을 **다른 사람들과** 나누어야 한다고 믿는다.

꿈을 이야기하다 보면 스스로 그 꿈에 책임감을 느끼게 되며 결국에는 꿈을 현실로 이뤄낸다. 그러나 최근 연구에 따르면 목

표에 대해 이야기**만** 하는 것은 상당히 위험한 일이라고 한다. 말만 하고 행동은 하지 않으면 영원히 꿈으로만 남을 수 있다.

많은 사람들이 '목표를 **말하는 것**'과 '목표를 향해 **행동하는 것**'을 혼동하는 함정에 빠진다. **목표를 말하는 것도 좋지만 거기에는 반드시 행동이 뒤따라야 한다.**

> **"** 친구나 가족과 자신의 목표를 나눌 때에는
> 내가 현재 어떤 노력을 하고 있는지,
> 그리고 앞으로는 어떻게 해나갈 것인지 등을 이야기해라. **"**

기한이 없는 목표는 그저 꿈일 뿐이다

> **"** 꿈은 기한이 있을 때 목표가 된다.
> – 나폴레옹 힐Napoleon Hill **"**

현실은 냉정하다. 시작하지 않는 목표는 실패할 기회조차 갖지 못한다. 말만 번지르르하게 할 뿐 아무런 행동도 취하지 않는다면 목표는 그저 꿈에 머무른다. **꿈을 현실로 만들려면 먼저 첫걸음을 내딛어야 한다.**

자신의 목표를 망치는 방법을 알고 싶은가? 목표를 위해 아무

것도 하지 않으면 된다.

플래너에 목표를 적는 것만으로는 의미가 없다(물론 목표를 이루기 위한 계획을 세우는 것은 매우 긍정적인 행동이다!).

다른 사람들에게 목표를 말하는 것이 중요한 것도 아니다(목표에 대한 의지를 다지기 위한 방법이라면 매우 추천한다!).

일단은 **시작을 해야** 한다. 대부분의 사람들은 목표를 현실로 옮겨보려는 노력을 **시작조차 하지 않는다.**

몇 년 전쯤, 내가 아끼는 친구 중 하나가 책을 쓰는 것이 꿈이라는 이야기를 했다(매우 엄청난 노력을 요하는 일임은 나도 잘 알고 있다). 친구를 만날 때마다 나는 책 쓰기가 잘 되어가는지 물었으나 그는 매번 일과 가정사가 너무 바빠 시작하지 못하고 있다며 멋쩍은 듯 대답했다. 그러면서도 친구는 세상 그 어떤 일보다 자신의 이름이 적힌 책을 출간하고 싶다고 이야기했다.

그로부터 몇 년 후 길에서 그 친구를 마주쳤을 때 나는 또다시 오랜 질문을 던졌다. 그는 아직도 시작하지 않은 상태였으나 **여전히** 자신의 꿈을 이야기했다. 그러던 어느 날 갑자기, 그는 이제 더 이상은 미루면 안 되겠다고 결심했다. 비록 여기저기 조금씩 메모를 남기는 수준이긴 했지만 마침내 글을 쓰기 시작한 것이다.

친구는 순식간에 아이디어 노트 몇 권을 채웠다. 그 노트가 자신의 책을 위한 자양분이 될 것이라고 그는 내게 설명했다. 자리에 앉아 글을 쓰기 시작하자 모든 것이 흘러가기 시작했다. 그는 지금 어떻게 지내고 있을까? 3부작짜리 책을 출간 완료했고 곧 네 번째 책이 나올 예정이다!

어떤 일이든 간에 중요한 것은 **첫 발을 떼야 한다**는 것이다. 그렇지 않으면 목표를 이룰 기회는 영원히 오지 않는다, 진짜로.

> **"** 시작하지 않으면 절대로 목표에 닿을 수 없다. **"**

오랫동안 늘 바라왔던 일이 있는가?

몇 년이 지난 뒤 지금의 나를 돌이켜보며 "그때 시작했었더라면. 작게나마 첫 발걸음을 내딛었더라면……." 하며 후회하고 싶지는 않을 것이다.

어떤 사람들은 평생 **아무런 시도도 하지 않은 채** 살아간다. 그들은 자신의 현 상황에 마음 편히 안주하거나, 혹은 멍하게 눈만 껌뻑이며 인생이 끌고 가는 대로 표류한다. 지금까지 내가 그러고 있었을지도 모른다고 생각하면 두렵다.

당연히 그들도 자신이 언젠가 이루고 싶은 꿈을 **이야기**한다. 그러나 절대 **행동**으로 옮기지는 않는다. 이는 시간관리 닌자의 방식이 아니다.

> **"** 그러니 자신이 품고 있는 커다란 목표가 무엇이든지 간에, 반드시 시작해라. 내면의 평화와 자아실현이 그것에 달렸다. **"**

😎 닌자의 지혜

◆ 시작도 하지 않은 채 목표를 이룰 수 있는 방법은 없다.

◆ '언젠가'는 **절대로** 오지 않는다.

◆ 목표를 이야기하는 것만으로는 앞으로 나아갈 수 없다.

◆ 기한이 없는 목표는 그저 꿈에 머무를 뿐이다.

◆ 작은 발걸음이라도 매일 조금씩 나아가다 보면 어느새 목표에 훌쩍 다가
  선 자신을 발견할 수 있을 것이다.

😎 닌자의 훈련

누구에게나 꿈이 있다. 그리고 꿈은 미루면 안 되는 법이다.

◆ 당신의 버킷리스트에는 어떤 것들이 있는가? 어쩌면 **죽기 전에 이루고
  싶은 것**이 무엇이냐는 질문이 더 적절하겠다. 이 질문은 보다 쉬우니 읽
  는 즉시 떠오르는 것들이 있을 것이다. 우리 모두는 '언젠가 하고 싶은'
  일들을 마음속에 품고 있다.

◆ 바로 지금, 평생 살아가면서 이루고 싶은 일 20가지를 적어보자.

⏰ 버킷리스트를 시작해라

현대 사회에서 큰 인기를 얻고 있는 '버킷리스트'라는 개념은 다소 우울하면
서도 흥미로운 개념이다. 영어에서 죽음을 가리키는 관용 표현—'양동이를
차다kick the bucket'—에서 유래한 말인 버킷리스트는 사람들이 하고 싶어
하면서도 절대 하지 않는 일들을 나열하는 목록이다. 그래서 나는 버킷리스

트보다 라이프 리스트_{life list}라는 단어가 더 좋다. 이런 버킷리스트에 흔히 등장하는 것들은 다음과 같다.

- 세계 여행
- 마라톤 완주
- 책 쓰기
- 악기 배우기
- 스카이다이빙
- 반려동물 키우기
- 타투
- 외국어 배우기
- 국토를 가로지르는 자동차 여행
- 가장 좋아하는 밴드나 뮤지션의 콘서트에 가기
- 캠핑
- 등산
- 스쿠버다이빙
- 바다 수영

이 모든 것을 당신은 충분히 이룰 수 있으니 **시작**만 하면 된다!

Tip 14

목표를 이루려면
컴포트존을 벗어나라

: "당신이 할 수 있다고 생각하든,
불가능하다고 생각하든, 당신이 옳다."
– 헨리 포드Henry Ford

지금 나는 이른 새벽에 일어나 컴퓨터 앞에 앉아서, 당신이 생각보다 훨씬 능력 있는 사람이라는 사실을 말하려고 한다.

당신은 자신이 믿는 것보다 더 많은 일을 **할 수 있다.** 또한 꿈도 꾸지 못했던 수준에도 얼마든지 **닿을 수 있다.**

문제는 이것이다. **자신이 할 수 있다는 사실을 믿지 않는 것.** 보다 큰 성과를 이루지 못하도록 당신을 제한하는 것은 바로 당신 자신의 믿음이다.

> **대부분의 사람들은 세상이 아닌,
> 자기 스스로 설정한 한계선에 가로막힌다.**

이 팁이 시간관리와 무슨 상관이 있냐고 의아해할지도 모르겠다. 내가 이 이야기를 하는 이유는 '목표'라는 단어 때문이다. 시간관리의 대가가 되는 것이 목표라면, 자신이 지금보다 시간을 훨씬 더 아낄 수 있고 또 완벽한 시간관리 닌자가 될 수 있다는 사실을 믿어라. 당신은 할 수 있다.

스스로 그은 한계선

우리 가족에게는 매우 다정하고 사랑스러운 반려견이 있다. 지금은 성견이지만 녀석이 강아지였을 때 우리는 특정 방 하나의 입구에 안전문을 설치하고, 그 방에는 들어가면 안 된다고 가르치고 훈련시켰다.

재미있는 사실은, 다 자란 지금도 우리 개는 **여전히** 그 방에 들어가지 않는다는 것이다. 이제 안전문은 없어졌는데도 녀석은 마치 그게 여전히 있는 것처럼 방문 앞에 서서 우릴 기다린다.

우리 개의 마음속에는 아직도 그 안전문이 남아 있다. 녀석이 그 방에 들어가는 것을 막는 요인은 녀석 자신뿐이다. 그냥 귀여운 강아지의 이야기처럼 들릴 수도 있지만, 이는 믿음이 어떻게 한계선을 인지하는지 잘 보여주는 예이기도 하다.

> 66 당신이 그은 한계선은 무의식적으로 당신 마음을
> 제한하고 있을지 모른다. 99

관찰한 바에 따르면 대부분의 사람들은 **자기 스스로** 한계선을 긋는다. '내 능력과 힘은 여기까지야.'라고 스스로 설정한 틀에 맞춰 자신의 성과를 제한하는 것이다. 때때로 이러한 한계선은 과거의 경험, 또는 자기 능력에 대한 선입관에 기반을 둔다. 때로는 문자 그대로 **아무 근거도 없이** 그렇게 믿기도 한다.

"난 못해." (왜?)

"내가 넘을 수 없는 산이야." (당신이 어떻게 아는가?)

"난 그렇게까지 노력할 수 없어." (만약 한다면 어떻게 될까?)

"난 그걸 해결할 만큼 똑똑하지 않아." (해보지도 않고 확신할 수 있는가?)

이런 한계선을 넘어서려면 어떻게 해야 할까? 어떻게 하면 **더 강해질** 수 있을까?

힘이란 무엇인가?

'힘'이란 단어가 언제나 신체적인 힘만을 의미하는 것은 아니다(현대에 들어서는 더욱 더 그렇다). 오히려 이 단어는 의지력, 즉 단련과 투지, 일을 해내겠다는 근성을 가리킬 때 많이 쓰인다.

머리는 좋지만 자기 분야에선 별로 두각을 나타내지 못하는 몇몇 사람들을 나는 알고 있다. 반면에 아주 힘들고 어려운 일을 마주하고도 강인한 투지와 근면으로 산을 옮길 수 있는 사람들도 안다. 후자는 내면의 힘을 보유하고 있는 이들이다.

더 흥미로운 점은, 이렇게 생산적이고 성실한 사람들일수록 자신이 견디고 있는 일의 무게를 인지하지 않는 경우가 많다는 사실이다! 오히려 주변 사람들이 깜짝 놀라 "어떻게 그렇게까지 일할 수 있어?"라고 물으면 대개 다음과 같은 대답이 돌아온다. "그냥 다른 사람들보다 더 열심히 일할 뿐이야."

어째서 그들은 남들보다 더 많이 일할 수 있는 것일까? 그들에게 근성을 더해준 것은 무엇일까? 무엇이 그들에게 힘을 주는 걸까?

> **❝ 어쩌면 단지 그들의 마음이 더 많은 일을 해도 된다고 허락했기 때문인 것은 아닐까? ❞**

밀어붙이기

우리가 지금껏 이야기한 주제는 내면의 힘에 대한 것이었지만, 자신이 설정한 한계선을 확인할 수 있는 가장 좋은 장소는 다소 역설적이게도 온갖 외면의 힘이 넘쳐나는 곳, 바로 헬스장이다. 거기서 나는 사람들이 운동하는 모습을 본다. 이어폰에서는 신나는 음악이 흘러나오고 바닥 매트 위에는 땀이 뚝뚝 떨어진다. 그러나 자기가 지닌 힘의 한계 **근처**까지 도전하는 사람들은 흔치 않다. 가벼운 무게의 덤벨 몇 개를 공중에 휘적대며 '왜 눈에 띄는 변화가 없는 거지? 하며 궁금해하는 이들은 있지만 말이다. 그중엔 심지어 지금 들고 있는 무게의 두 배쯤은 더 들 수 있는 사람들도 많다.

자신의 한계선을 높이는 데 필요한 것은 **밀어붙이기**, 즉 단련과 투지다. 보디빌더들은 오래전에 이 사실을 발견했다. 그리고 이 원칙은 내면의 힘에도 적용된다.

더 강해지고 더 많이 성취하고 싶다면 자신을 한계까지 밀어붙여야 한다. 인생도 헬스장과 다를 바 없다. 지금 당신이 들고 있는 덤벨의 무게는 어떠한가?

> **❝** 자신의 한계를 시험하고 싶은가? 스스로를 밀어붙여라.
> 자기 멋대로 설정한 한계선이 진짜인지 확인해봐라.
> 자신이 할 수 있다고 생각하는 지점보다 조금 높은 곳을
> 목표로 정해라. **❞**

당신은 생각보다 유능하다

어쩌면 사람들이 목표를 향해 노력조차 하지 않는 이유는 자신이 꿈을 이룰 것이라는 믿음이 부족하기 때문일지도 모른다. 논리적 관점에서 보면 이해할 만한 생각이긴 하다. 그들은 이전에도 목표에 닿아본 적이 없었을 테니 말이다.

마라톤 완주를 버킷리스트로 정한 친구가 하나 있다. 그러나

사실 그녀는 5킬로미터 마라톤조차 뛰어본 적이 없었다. 아니, 아예 달리기와는 담을 쌓고 지냈다. 마라톤 완주가 목표라고 하면서도 마음속 깊은 곳에서는 자신의 신체적 체력이 부족하다 생각했고, 스스로가 만들어낸 그 생각을 철석같이 믿었다.

그녀를 가로막는 것은 **신체**가 아닌 **마음**이었다.

그녀에겐 관점의 변화가 몹시도 필요했다. 어느 날 그녀는 달리기를 시작했다. 처음에는 짧은 거리부터 달렸다. 그리고 몇 달 후, 난생 처음으로 5킬로미터 마라톤을 완주했다. '그래, 나도 **할 수 있을지 몰라**.' 그녀는 생각했다. 정말로! 뿐만 아니라 달리기가 선사하는 정신적, 육체적 해방감을 즐기는 자신을 발견했다.

친구는 '달릴 수 없어.'에서 '5킬로미터를 완주할 수 있어.'로 자신의 한계선을 높였다. 그리고 그 한계선까지 자신을 밀어붙이기 위해 계속 단련했으며 이듬해에는 '하프 마라톤을 완주할 수 있다'는 자신감까지 생겼다.

현재 그녀는 그 어느 때보다 건강한 몸을 유지하고 있으며, 스스로에 대한 믿음 또한 완전히 달라졌다. 무엇보다 중요한 것은 자신이 생각보다 훨씬 더 강한 사람이란 사실을 깨달았다는 것이다.

> ❝ 한계선 너머까지 자신을 더 밀어붙여야 한다. ❞

불편함을 즐기는 법

당신은 스스로 설정한 한계선을 뛰어넘고도 남을 능력을 갖춘 사람이다. 그러나 자기 스스로 새로운 한계선을 설정하는 것은 쉽지 않은 일이다. 이를 위해서는 닌자의 무기창고에 궁극의 무기 세 가지를 들여야 한다. **근면, 훈련, 시간**이 바로 그것이다.

지금껏 닿아보지 못한 수준의 성과에 도달하려면 자신이 편안함을 느끼는 영역, 즉 컴포트존comfort zone을 벗어나려는 의지가 있어야 한다. 불편함을 즐기는 법을 배워야 하는 것이다.

이전에는 해보지 못한 일에 도전할 준비가 됐는가? 닌자여, 새로운 잠재력을 발휘할 준비를 갖춰라!

> **❝** 자신이 세운 한계를 뛰어넘는 대담함과 모험심을 지닌
> 자들만이 스스로 발전할 수 있다. **❞**

> 😈 **닌자의 지혜**
> - 내 성과를 제한하는 것은 나 자신의 믿음이다.
> - 자신의 한계를 넘어서야만 새로운 한계를 설정하는 보람을 느낄 수 있다.
> - 컴포트존에서 벗어나는 것을 두려워하지 마라.

🕐 컴포트존 벗어나기

자신의 한계를 높일 수 있는 가장 좋은 방법 중 하나는 컴포트존에서 벗어나는 것이다.

사람은 누구나 자신이 늘 해왔던 일을 할 때 편안함을 느낀다. 그리고 그 결과, 자신이 늘 이루었던 정도의 성과만 얻는다. 익숙한 일은 쉽다. 그러나 이러한 방식으로 살면서 삶에 보람과 자부심을 느끼길 기대할 수 있을까?

자신의 한계를 시험하고 넓히기 위해서는 **반드시** 새로운 경험을 좇아야 한다. 그리고 새로운 수준의 컴포트존을 발견하려면 일단 불편해져야 한다.

자신의 일과를 살짝 흔드는 정도의 불편함도 좋다. 그러나 어떨 땐 현재 자기 능력의 최대치를 훨씬 넘어서는 정도로 스스로를 밀어붙여야 할 만큼 힘

겨울 수도 있다. 일단 시도해보자! 그리고 어떤 일이 벌어지는지 지켜보자.

다음은 '컴포트존을 벗어나' 자신의 한계를 확장하기 위해 시도할 수 있는 몇 가지 변화들—매우 간단한 것부터 생활 전체를 뒤흔들어놓을 큰 변화까지—이다.

- 새로운 방법으로 일을 처리함으로써 시야를 달리해보자. 목적지는 같아도 그곳에 도달하기 위해 우리가 선택할 수 있는 길은 다양하다.
- 평소에 먹지 않았던 음식 먹기
- 운동 종류와 순서 등을 바꿔서 근육에 새로운 자극 주기
- 새로운 신체활동 또는 취미 탐색하기
- 자기가 가능하다고 생각하는 선보다 적은 비용으로 한 주 동안 지내보자. 아끼고 검소하게 살아보는 것도 생활에 건강한 자극이 될 수 있다.
- 평소에 읽지 않았던 장르 또는 관점의 책 읽기
- 스스로 하려고 애써왔던 일에 다른 사람의 도움을 구하기
- 인생의 목표를 지금보다 더 크게 잡기

컴포트존에서 벗어나 불편함을 느끼기 위해 최근에 도전한 일은 무엇인가?

목표를 이루지 못하고 있다면
일과를 바꿔라

: 습관이 그 사람을 정의한다

"오늘은 뭐 했어?" 퇴근 후 만난 친구가 햄버거를 먹으며 이렇게 묻는다. 하루가 끝나고 집에 돌아와 소파에 반쯤 누운 자세로 느긋하게 기대어 아내와 이런저런 이야기를 나누다가 이런 질문을 받을 수도 있다.

아마 높은 확률로 당신은 어제와 똑같은 대답을 할 것이다. 거의 **매일**이 그렇다. 인간은 습관의 동물이다. 특별히 의식하지 않고 산다면 정말로 매일 **거의 똑같은 하루**를 보낸다.

아침에 일어나면 매일 똑같은 순서로, 똑같은 일을 한다. 또한 아침, 점심, 저녁으로는 주로 같은 음식을 먹고 마신다. 모든 식사가 그렇지는 않겠지만 적어도 대다수는 그렇다(외식을 해도 아마 80% 정도는 늘 먹던 것을 주문할 것이다).

식습관뿐만이 아니다. 우리는 매일 같은 물건을 들고 매일 같은 행동을 하며 같은 움직임, 같은 활동, 같은 일정으로 생활한다.

그렇다면 당신은 매일 어떤 활동들을 하고 있는가? 무엇보다 그것들은 당신을 옳은 방향으로 이끄는가, 아니면 망가지는 길로 안내하는가? 습관은 매일 하루도 빠짐없이 당신을 어디론가 데려간다.

> **66** 생각해보자.
> 당신의 습관은 당신을 어디로 데려가고 있는가? **99**

오늘 무엇을 하고 싶은가?

이상하게도 사람들이 습관을 이야기할 때에는 앞으로 잘하고 싶은 것을 주로 말한다. 익숙하지 않은가? 모든 새해 다짐에는 이러한 전제가 깔려 있다.

사람들이 말하는 습관은 대개 **일상적인 습관**이라기보다는 포부에 가깝다. 그러나 정작 나를 정의하는 습관은 내가 **오늘** 한 일, **어제** 했던 일, 그리고 **앞으로 매일** 할 일이다.

> **66** 오늘, 사람들은 무언가가 되고 싶다는 꿈을 꾸지만
> 오늘 그것을 하지는 않는다. **99**

습관에 대한 이야기가 당신을 불안하게 또는 초조하게 만들지도 모르겠다. 오늘 실천하지 못한 일로 절망하거나 걱정할 수도 있다. 또 하지 말았어야 했지만 오늘도 하고 말았던 행동, 즉 나쁜 습관에 얌전히 굴복할 수밖에 없었던 자신을 부끄러워할 것이다.

> **"** 이러한 활동들이 일상적인 습관을 이룬다.
> 그리고 이들이 나를 매일 좋은 방향으로 또는 나쁜 방향으로
> 이끌어간다. **"**

좋은 습관 vs. 나쁜 습관

좋은 것이든 나쁜 것이든 우리 모두에겐 습관이란 게 있다. 대부분의 사람들은 아주아주 나쁜 습관도 몇 가지씩은 갖고 있다.

좋은 습관은 내가 늘 꿈꿔왔던 이상향에 가까워지도록 나를 이끌어주고, 내가 바라던 삶을 살게 도와준다. 바른 식습관, 규칙적인 운동, 공부하기, 사람들과의 관계에 투자하기 등이 좋은 습관에 속한다(시간관리 닌자가 되면 이러한 일들에 더 많은 시간을 쏟을 수 있다).

반면 나쁜 습관은 나를 나쁜 길로 안내한다. 내가 원하는 것

과는 **정반대** 방향으로, 혹은 뒤나 아래로 끌고 가는 것이다. 건강한 몸을 만들려는 노력이 계속 실패한다면 이는 충분히 휴식을 취하지 않는 나쁜 습관 탓일지도 모른다. 피곤한 상태에서는 몸이 최상의 움직임을 보여주기 어려울 뿐만 아니라 헬스장에 가는 것조차 버겁기 때문이다. 정크 푸드를 너무 많이 먹고 마시는 것 또한 마찬가지다. 이러한 행동들은 나를 목표에서 **멀어지게** 만드는 나쁜 습관이다.

스스로에게 물어보자. "내 습관들은 매일 나를 더 좋은 사람으로 만드는가, 아니면 나쁘게 만드는가?"

> **❝ 내가 매일 하는 행동이 나를 만든다. ❞**

그렇다면 좋은 습관은 유지하고 나쁜 습관은 저 멀리 쫓아낼 방법은 없을까?

하루 일과 만들기

내가 매일 하는 일이 곧 나를 만든다. 매일 글을 쓴다면 작가인 것이고, 매일 농구코트에 드나든다면 농구선수다. 매우 간단하다. 시간관리 닌자로서 자기 인생에 대한 통제력을 되찾아오는 임무를 무사히 완수하려면, 원하는 성과를 얻기 위한 일을 **반드시** 해야 한다.

몸을 만들고 싶지만 운동은 하지 않는다. 새로운 일을 하고 싶지만 구직활동 또는 새로운 기술을 배우는 데 노력을 들이지는 않는다. 새로운 언어를 배우고는 싶으나 그 언어로 "안녕하세요."를 어떻게 말하는지조차 모른다. 이런 이들은 어떻게 해야 할까?

자신이 원하는 습관을 유지하는 데 가장 좋은 방법 중 하나는 하루 일과를 만드는 것이다. 인간은 습관의 동물이라서 매일 규칙적으로 같은 행위를 하는 것을 선호한다. 따라서 하루 일과를 정하고 그에 따라 생활하는 것은 좋은 습관을 **유지하고** 나쁜 습관을 피하는 데 도움이 된다.

하루 일과를 세우면 적은 노력으로도 좋은 습관을 쉽게 얻을 수 있다. 하루를 시작하기 전에 **항상** 운동을 하면 그게 일과가 된다. 매일 퇴근하기 전에 **항상** 책상 위를 치우면 그게 습관이 된다. 매일 12시에 **항상** 세 번씩 점프를 하고 사과 열 개를 먹으면 그것이 바로 습관이다.

> ❝ 일과를 정의하는 것은 내가 매일 어떤 사람이 될지를 정의하는 것과 같다. ❞

- 좋은 습관은 나를 더 단단하게 만들어주지만, 나쁜 습관은 나를 무너뜨린다.
- 지금 내게 확실한 영향을 미칠 수 있는 날이 있다면 그것은 바로 오늘이다.
- 일과를 정해서 생활하면 좋은 습관을 꾸준히 실천할 수 있다.
- 일상적인 습관이 나를 정의한다.

날마다 똑같이 반복되는 일상은 너무나도 깊숙이 우리 몸에 배어서, 이런 책들이 지적해주기 전까지는 그 사실을 인지하지도 못하는 경우가 많다. 당신의 일상 습관은 어떠한가?

- 자신의 하루 일과를 그려보아라.
- 지금의 습관 중 앞으로도 계속 지켜나가고 싶은 좋은 습관은 무엇인가? 나쁜 습관이 있다면 어떤 좋은 습관으로 바꾸고 싶은가?
- 지금 당장 완전히 뿌리 뽑아야 할 만큼 심각하게 나쁜 습관은 무엇인가?
- 좋은 습관은 유지하고 나쁜 습관은 고치려는 결심에 강제성을 부여하려면 어떻게 하는 것이 좋을까?

⏰ 습관이 자리 잡기까지/없어지기까지 걸리는 60일의 시간

최근 연구에 따르면 습관을 만드는 데는 평균적으로 약 60일 정도가 걸린다고 한다. 특정 행동이 일상의 한 부분으로 자연스럽게 자리 잡기까지 두

달 남짓이 필요하다는 뜻이다. 재밌는 사실은, 나쁜 습관을 완전히 뿌리 뽑을 때까지 걸리는 시간 또한 이와 같다는 것이다.

새로운 습관을 형성하기 위해 먼 길을 떠날 마음의 준비가 됐는가? 닌자여, 이 60일을 이로운 일에 사용할 시간이 되었다. 이를 위한 몇 가지 팁이 있다.

- **감시자를 만들어라:** 친구나 연인에게 내가 새로운 습관을 가질 수 있도록 붙잡아달라고 부탁해라. 진행 상황이 어떤지 **정기적으로** 확인해줄 것을 요청해라. **서로가 서로의** 감시자가 되는 것도 좋다! 그렇게 하면 훨씬 재미있게 이 과정을 즐길 수 있다! 만세!
- **습관 변화를 추적해줄 도구를 써라:** 종이와 펜―요즘 유행하는 불렛저널 스타일도 좋고 전통의 강호 볼펜도 좋다―을 활용해서 추적할 수도 있지만 스마트폰 역시 강력한 무기가 될 수 있다. 스마트폰 앱은 이른바 '습관 바꾸기 프로젝트'의 진행상황을 한눈에 보여줄 뿐만 아니라, 내가 제대로 잘할 때까지 집요하게 나를 괴롭히기 때문이다! 내 경우는 아이폰에 있는 습관 목록 앱을 쓰고 있으나, 당신을 반복적이고 끈질기게 괴롭혀줄 앱이라면 어떤 것이든 상관없다.
- **습관을 없애려 할 때에도 마찬가지:** 고치고 싶은 나쁜 습관―매주 화요일 새벽 3시마다 허겁지겁 케이크 먹기 등―을 마음껏 할 수 없는 상태에서 60일을 버틸 수 있겠는가? 한 달만 지나도 마운틴듀를 마시면서 초코파이를 입에 쑤셔 넣는 것보다는 뭐랄까, 훨씬 긍정적인 행동을 하는 자신을 보게 될 것이다.

🕐 인생이 반복되는가?

가만히 앉아서 생각해보면 대부분의 사람들은 매일 똑같은 인생을 산다. 아침에 일어나서, 나갈 준비를 하고, 회사나 학교에 갔다가, 다시 집에 와서,

쉬다가, 잠자리에 든다. 내일이 되면 다시 똑같은 하루가 되풀이된다.

인생은 반복이다. 인생은 반복이다. 인생은 반복이다. 방금 읽은 문장이 여러 번 반복되는 것은 그렇게 쉽게 알아차리면서, 정작 당신의 하루가 매일 똑같이 반복되고 있다는 사실은 알고 있는가? 영화 '사랑의 블랙홀Groundhog Day'의 주인공처럼 쳇바퀴 도는 일상에 갇힌 자신의 모습을 이제는 깨달아야 하지 않을까?(이 영화의 남녀 주인공은 성촉절 행사를 취재하러 갔는데, 어쩐 일인지 이튿날 눈을 뜨니 다시 성촉절로 돌아가 있다. 그다음 날도, 그다음 날도 성촉절은 그렇게 계속 이어지지만 그 사실을 기억하는 사람은 남자 주인공뿐이다._옮긴이) 시간관리 닌자가 되어 스스로 정한 임무를 성실하게 따르지 않으면 우리도 영원히 쳇바퀴나 굴리며 살아갈 것이다. 자신에게 만족감을 주지 않는 일, 자신의 영혼을 메마르게 하는 일들로 인생을 채워나가면서 말이다.

'나는 잘하고 있는데?'라고 **생각할지도** 모르겠다. 음, 실은 우리 모두가 그렇게 생각한다. 그러나 당신이 잘하고 있다고 생각하는 그 하루는 아마도 매일 반복되고 있을 것이다. 너무 잘해서 그 사실을 알아차리지도 못할 만큼 말이다.

> "반복할 만한 가치가 있는 하루인가?"

만약 그렇지 않다면 일과에 변화를 줘야 한다. 바라는 결과를 얻지 못하고 있다면 습관에 변화를 주는 수밖에 없다. 하루하루가 의미도 없이, 아무렇게나 뒤섞이도록 내버려두기에는 우리 인생이 너무 소중하지 않은가.

Tip 16

시간관리의 함정

: 디바이스는 적이 아닌
친구가 되어야 한다

당신은 디바이스의 주인인가, 아니면 **노예**인가?

이 질문을 읽고 창피함에 얼굴이 붉어질지도 모르겠다. 민망해져 괜스레 손톱을 물어뜯을지도. 어쨌거나 사람들은 어딜 가든 디바이스와 함께한다. 내가 있는 곳에 디바이스가 있다고 해도 과언이 아니다. 바로 지금도 핸드폰이 당신의 오른쪽 허벅지를 따뜻하게 데우고 있을 거라고 나는 확신한다. **어쩌면 이 글이 핸드폰 화면에 떠 있을지도!** 그러나 닌자여, 우리는 디바이스 사용을 경계해야 한다.

디바이스는 든든한 친구인 동시에 잔인한 적이다. 온갖 즐거움과 유익함을 제공하는 동시에 집중력도 방해하는, 이렇게 상반되는 능력을 '동시에' 펼칠 수 있는 존재가 바로 디바이스다.

수십 년 전에는 생각도 못한 일—시베리아에 있는 친구에게 하와이에서 바로 연락을 한다거나 내 심장박동수와 어울리는 음악을 고른다거나 하는 등―이 이제는 디바이스 덕에 식은 죽 먹기가 됐다.

이 책의 초반에 내가 했던 말을 혹시 기억하는가? 좋든 싫든 우리는 핸드폰과 계속 바람을 피우는 중이다. 어떻게 마음을 빼앗기지 않을 수 있겠는가? 넋을 **빼놓게** 화려한 퍼포먼스를 선보이는 아이패드, 애플워치, 픽셀, 갤럭시 등은 우리가 원하는 것이든 원치 않는 것이든 가리지 않고 모든 것을 손가락 끝에 즉시 대령한다.

그러나 이 모든 디바이스들은 우리의 삶을 더욱 쉽고 즐겁게 만들어주기 위해 태어났다. 이들이 지닌 강력한 힘을 다른 사람의 편의나 자기 자신을 망가뜨리는 데 쓰면 안 되는 **가장** 중요한 이유가 바로 여기에 있다.

디바이스가 내게 긍정적인 영향을 미치게 하자

먼저 방문을 잠근다. 그런 뒤 조금이라도 기계 비슷한 것들은 전부 꺼내 침대 위에 모은다. 방에 아무도 없는지 재차 확인한다 (다른 사람이 보면 정신병원에 전화를 걸 수도 있으니까). 자, 이제 조직원들을 전부 소집했으니 한 가지 묻자. **너희가 모시는 형님이 누구냐?**

기계들이 콧노래를 부르기 시작한다. 위이이이잉 지이이이잉, 걷잡을 수가 없다. **당신은 침묵을 지켜야 한다.** 그들은 지금까지 한 번도 그런 질문을 받아본 적이 없는 듯하다. 그러나 이 질문을 들은 기계들이 불을 반짝이며 살아난다면 대답은 들은 거나 마찬가지다. 내가 그들의 형님은 아니었던 것이다.

일상 속에서 디바이스는 조력자라기보다는 방해꾼에 가까운 듯하다. 세상 어디를 가도 디바이스는 마치 자연스러운 풍경처럼 그 안에 녹아들어 있어서, 대부분의 사람들은 우리 사회가 얼마만큼 기계에 장악당했는지를 인지조차 못한다. 우리는 가진 시간의 대부분이 기계에게 독점되어 있기 때문에 다른 일에 나눠줄 시간이 부족하다. 솔직히 이렇게 하루 종일 윙윙대며 애정을 갈구하는 존재임을 감안하면 우리는 그동안 꽤나 훌륭하게 잘해왔다고 말할 수 있을 정도다.

내 말을 믿어라. 고지식한 전통주의자처럼 굴려는 것이 아니라 우리의 현재 상황은 정말 매우 심각하다. 사람들은 조그마한 스크린을 멍하니 들여다보며 느릿느릿 걸어가고, 꼬마 아이들은 뛰어다니며 놀기보다는 동영상만 시청 중이며, 데이트 중인 연인들은 서로가 아닌 핸드폰 화면의 불빛에 동공이 커져 있는 모습들. 이런 장면들은 아마 당신에게도 익숙할 것이다.

이들뿐만이 아니다. 사람들은 하루에 10시간 이상을 디바이스 스크린을 쳐다보는 데 사용한다. 만약 SNS가 실제로 우리 인생의 행복도를 **떨어뜨린다면** 우리는 **무엇 때문에** 그렇게 많은 시간을 핸드폰에 쏟는 것일까?

안타깝게도 문제의 본질은 생물학에 있다. 이렇게 끊임없이 알림 메시지를 받을 때마다 우리 인체 내의 보상센터에는 **자극이 전달된다.** 도파민은 또 다른 도파민을 불러오고, 그러다 보면 어느새 스마트폰에 중독되어버린 자신을 발견한다. 오죽하면 애플Apple 같은 핸드폰 제조업체들이 핸드폰 사용 시간을 추적할 수 있는 스크린 타임Screen Time이라는 도구까지 구현해냈겠는가.

결론은 핸드폰—태블릿 등도 마찬가지다—이 내 인생을 장악하게 내버려두어서는 안 된다는 것이다. 디바이스는 내가 필요할 때 사용하기 위한 도구지, 나를 필요로 할 때 쓰는 도구가 아니다.

> **"** 그런데도 그냥 그렇게 내버려둔다면,
> 디바이스는 당신의 인생을 장악할 뿐 아니라 망가뜨리기까지
> 할 것이다. **"**

핸드폰과의 바람은 이제 그만

내가 어떤 질문을 던져도 핸드폰은 답을 알고 있다. 게다가 내

가 가장 좋아하는 음악을 들려주기도 한다. 어쩜 그렇게 내게 딱 필요한 멜로디만 쏙쏙 뽑아서 틀어줄 수 있는 걸까? 사랑스러운 이 녀석은 틀린 철자도 고쳐준다. 내가 찍은 사진을 전부 저장해주고 내 목소리, 내 지문, 내 얼굴을 알아보기까지 한다. 핸드폰은 세상 누구보다 나를 가장 잘 안다. 반짝이는 그 멋진 자태는 자신이 나를 사로잡았다는 자신감에 차 있다. 그리고 나는 이제나 저제나 핸드폰에서 알람이 오기만을 기다린다.

핸드폰이 울린다.

잠깐, 설마…… 아니야! 그럴 리 없어!

지이잉…… 지이잉!

아, 역시! 방금 진동이 왔잖아. 알림이 왔다고. 당신의 관심을 구하는 것 같아. 당신이 필요하다잖아!

당신은 절망적인 표정으로 나를 바라본다. "우린 아무 사이도 아냐, 크레이그! 믿어줘!"

그러나 나는 그런 말을 수없이 많이 들어왔다.

"떳떳하지 않은 일은 한 적이 없어요! 그냥 게임을 좀 한 것뿐이에요! 위키피디아_{Wikipedia}에서 귀족 결혼식에 대한 글 같은 걸 좀 읽은 것뿐이라고요!"

물론 그랬을 것이다. 그에 덧붙여 고양이 움짤이나 귀여운 동물 동영상도 봤겠지. 그런데 **그런 것들이 당신에게 무슨 가치가 있는가?** 혹시 당신은 그저 시간을 버리고 있는 게 아닌가?

러다이트 운동Luddite Movement, 즉 기계 파괴 운동을 부활시키자는 뜻이 아니라 현명하고 책임감 있는 닌자가 되자는 것이다. 자신을 해치는 방향이 아닌, 자신에게 이로운 방향으로 디바이스를 활용해야 한다.

건강과 안전이라는 측면에서 보면 핸드폰은 우리 세계에 **긍정적인** 변화를 많이 가져다주었다. 보조 배터리만 가지고 다니면 언제 어디서나 필요한 도움을 요청할 수 있게 됐다. 그러나 그와 동시에, 우리는 바로 그 '언제' '어디서나' 때문에 곤란함을 겪고 있기도 하다. 디바이스가 우리를 방해할 수도 있다는 뜻이기 때문이다. 그것도 언제든지 말이다. 회의 중 애플워치를 서른두 번쯤 확인하는 임원이든, 아이폰을 잠시도 조용히 시키지 못하는 팀장이든, 우리 **모두**는 핸드폰과 완전히 불륜에 빠지기 직전에 있다

사람들은 하루 평균 150번 이상 핸드폰을 확인한다. 무려 150번이나.

핸드폰을 닌자의 강력한 무기로 활용할 수 있는 방법에는 다음과 같은 것들이 있다.

◆ **최소한으로 사용하기:** 핸드폰 사용 내역을 추적할 수 있는 기능을 이용하여, 어떤 앱이 당신의 피 같은 시간을 가장 많이 빨아먹는지―'유튜브 시청에 너무 많은 시간을 쓰는 거 같은데?'―확인해서 꼭 필요할 때에만 핸드폰을 사용하도

록 한다. 이러한 기능을 잘 활용하면 핸드폰 사용을 제한하기가 훨씬 쉬워진다. 그동안의 경험에 따르면 핸드폰은 생산적인 목적이 있을 때에만 쓰는 것이 좋다. 그냥 시간이나 때우기 위해 핸드폰을 집어 들어선 안 된다.

◆ **불필요한 앱 삭제:** 사실 핸드폰에 앱을 설치하는 것은 꽤나 큰 재미다. 가상의 목장에서 소젖 짜는 게임 등 흥미를 유발하는 앱이 아주 많기 때문이다. 그러나 이런 것들은 전부 해로운 유혹이 될 수 있다. 불필요하거나 내 인생에 가치를 더해주지 않는 모든 앱은 과감히, 무자비할 정도로 삭제해 버려라.

◆ **홈스크린 정리:** 당신의 홈스크린에는 어떤 앱들이 있는가? 처음 구매했던 그대로 그냥 뒀거나 대충 아무렇게나 설정을 바꿔놨을 수도 있다. 어느 쪽이든 간에 우리는 지속적으로 홈스크린에 노출되기 때문에 거기에는 생산성에 도움이 되는 앱만 남기는 것이 좋다. 재미를 위한 앱은 숨겨라.

◆ **알림 끄기:** 장담하건대 자신이 페이스북에 태그된 사실을 그 즉시 알아야 할 필요는 전혀 없다. SNS의 알림은 거의 아무런 쓸모가 없다. 이모가 키우는 열세 살짜리 포메라니안의 사진을 지금 당장 봐야 할 이유가 무엇인가. 게다가 포메라니안이 미키 마우스 머리띠를 하고 있는 모습은 처음 일곱 번까지만 귀여워 보인다.

◆ **방해금지 모드:** 하루 종일 아무런 알림도 받고 싶지 않다면 이 방법을 시도해보자. 혹시 모를 사고를 예방하기 위해 방해금지 모드를 켜두면 가족으로부터의 연락을 제외한 모든 알림이 꺼진다. 그다음엔 방 문고리에도 '방해금지' 사인을 걸어둬라. 아마 굉장히 행복한 시간을 보낼 수 있을 것이다. 그 시간을 조금씩 늘리다 보면 나처럼 몇 년씩 방해금지 모드를 설정해둬도 아무런 불편함을 느끼지 못할 것이다.

🥷 닌자의 지혜

◆ 디바이스는 내 삶을 쉽게 만들기 위한 도구임을 명심한다.
◆ 디바이스는 다른 사람이 아닌 **나 자신**의 편의를 위한 것임을 항상 기억한다.
◆ 기계장치가 내 인생을 조종하도록 내버려두지 않는다.
◆ 핸드폰이 나를 방해하지 못하도록 알림이나 벨소리 등은 꺼놓는다. 벨소리나 진동이 꼭 울리게 설정해둬야 할 이유는 별로 없다.
◆ 필요하지 않을 땐 핸드폰을 손에서 내려놓는다.
◆ 디바이스보다는 사람들을 우선시한다.

🥷 닌자의 훈련

다음 질문을 통해 자신이 디바이스를 유용하게 활용하고 있는지, 아니면 디바이스에 구속된 채 살고 있는지 확인해보자.

◆ 디바이스가 나를 위해 하는 긍정적인 역할을 모두 적어본다. 시간을 절약해주거나 의미 있는 정보를 제공하거나 생활을 편리하게 만들어주는 등의 역할이어야 한다.

◆ 핸드폰으로 하는 무익한 일들을 모두 적어본다. 가차없이 적어라. 이들 중 어떤 것들은 재밌기까지 하겠지만 글쎄, **그것들이 당신의 삶에 가치를 더해주는가?** 아니면 그것들이 바로 그 '문제의 시간 낭비꾼'인가?

◆ 핸드폰 사용에 대한 규칙을 새로 만들어라. 내 핸드폰을 해로운 목적이 아닌 이로운 일에 쓰기 위해 실천할 수 있는 구체적인 규칙으론 어떤 것들이 있을까?

⏰ SNS의 시간 비용

대부분의 성인은 하루 1시간 이상을 SNS에 접속해서 보낸다고 한다. SNS의 장단에 대한 논의는 제쳐두고, 여기서는 그것에 소비하는 시간 비용만 다뤄보자.

최소 하루에 1시간이라면—대개의 경우엔 이보다 많을 것이다—1주일엔 7시간, 1년이면 365시간이다. SNS에 소비하는 시간만 1년에 15일이 살짝 넘으니, 우리는 그만큼의 시간을 영원히 버리는 셈이다.

> 66 내 시간은 어떤 가치를 지니는가?
> 1년에 2주가 더 생긴다면 무엇을 성취할 수 있겠는가? 99

Tip 17

스스로 결정하지 않으면 인생이 당신 대신 결정할 것이다

: "말보다는 행동이지만,
그런 일이 자주 일어나지는 않는다."
- 마크 트웨인Mark Twain

"밥은 어디로 가서 먹을까?"

"음, 모르겠어. **너는** 어디 가고 싶은데?"

"나도 모르겠는데, **너는** 뭐 먹고 싶어?"

"네가 먹고 싶은 거면 다 좋아."

"나도 상관없어. 아무거나 다 괜찮아."

"어디로 가야 할지 모르겠어!"

익숙한 대화 같지 않은가? '그렇다'에 점심 내기를 걸어도 좋다 (메뉴는 내가 정한다). 이런 지긋지긋한 우유부단함 때문에 얼마나 많은 시간을 낭비하는가?

저녁 메뉴같이 간단한 것은 자신 있게 결정하지 못한다 해도 아마 큰 문제가 되지 않을 것이다. 그러나 직장, 친구들, 배우자, 육아, 여가시간 활용 등과 같이 중요한 문제는 자기 자신뿐 아니라 다른 사람들의 삶이 갖는 질적인 면까지도 깊은 영향을 미칠 수 있다.

> **스스로 결정을 내리든 아니든, 그 또한 당신이 한 결정이다.
> 선택은 우리 모두에게 주어진다.
> 그리고 우리는 끊임없이 선택을 하며 살아간다.**

그러나 많은 사람들이 선택하지 않는 쪽을 선택함으로써 인생이 자기 대신 결정하도록 내버려둔다.

어쩌면 이번 팁은 이 책 전체에서 가장 중요한 주제일지도 모른다. 정말이다. 무엇이 중요하고 무엇이 중요하지 않은지, 어떤일을 할지 안 할지, 무엇이 하고 싶고 무엇은 하고 싶지 않은지 선택하는 방법을 모른다면 당신은 인생에서 많은 것들을 놓칠것이다.

> **인생은 선택의 연속이다.
> 그러나 대부분의 사람들은 선택하지 않는 쪽을 선택한다.**

그러나 모순적이게도 이런 사람들은 자기 인생의 주인이 자기가 아닌 것 같다고 불평하는 데 많은 시간을 쓴다. 그게 아니면 좀 더 성공하고 싶다고, 더 많은 **시간**을 갖고 싶다고 투덜대거나. 그러면서도 이들은 그 모든 바람을 이루어줄 간단한 일 **한 가지**,

바로 '선택'을 하지 않는다.

"아! 1년이 1주일만 더 길었더라면!"

만약 그 1주일이 **주어진다면** 무엇을 할 것인가? 좋다, 내가 1주일뿐 아니라 거기에 무려 **3주**라는 추가 시간을 주겠다.

당신은 정말로 그 시간을 잘 활용할 수 있겠는가? 아니, 그 시간에 **무엇을 할지** 결정하는 것이라도 가능하겠는가? 아니면 소파에 기대 앉아 또 다시 스크롤이나 내리며 시간을 보낼 것인가?

내가 가고 싶은 방향으로 나아가고 싶다면, 나와 내 흥미를 위한 것들을 **직접** 선택해야 한다. 결과가 확실히 보이지 않을 때라도 스스로 결정을 내려야 하며, 필요하다고 생각하는 정보를 다 모으지 못했을 때에도 마찬가지다.

결정은 당신 자신이 하는 것이다. 닌자여, 당신의 세계는 당신에게 달려 있다.

무엇을 하기로 선택했는가?

어떤 일을 하기로 선택하면, 다른 일들은 자연스레 하지 **않기로** 선택한 셈이 된다. 위의 질문을 이렇게 바꿔보자. 어떤 일을 하지 **않기로** 선택하며 살아왔는가? 다음의 표를 보면 아마 정신이 번쩍 들 것이다.

하지 않은 일	그 대신 한 일
헬스장에 가는 것 대신	연예인에 대한 기사를 검색하는 쪽을 선택했다.
중요한 서류 작업을 끝내는 것 대신	페이스북을 기웃대다 중학교 때 제일 친했던 친구가 백신 거부에 대해 올린 포스팅을 읽는 쪽을 선택했다.
오랜 꿈인 시 쓰기를 시작하는 것 대신	핸드폰 배경화면을 여덟 번째 바꾸는 쪽을 선택했다.
내일 먹을 식사를 준비하는 것 대신	소파에 앉아 탄산음료를 잔뜩 마시는 쪽을 선택했다.

> **66** '이것' 대신 '저것'을 하기로 선택했다는 사실은
> 시간 활용 방법에 대한 내 선택을 분명하게 보여준다.
> 명확한 선택을 하지 않는 것은 어떤 것도 하지 않는 편을
> 선택한 것과 같다. **99**

물 위를 떠도는 나뭇조각이 되지 마라

아무런 선택을 하지 않는 것 또한 '나는 어떤 것도 하지 않겠다는 선택(이 또한 충분히 실행 가능한 선택지가 **될 수 있다.** 단지 뚜렷하게 눈에 보이는 선택지가 아닐 뿐)'을 내린 것과 같다.

내가 결정을 내리지 않으면 인생이 나를 대신하여 결정한다. 이건 살기 편한 방법일진 몰라도 성공에 가까워지는 생활방식, 목적의식이 명확한 닌자의 생활방식과는 거리가 멀다.

나는 이것을 '인생이라는 강을 떠도는 나뭇조각이 되는 것'이

라 표현한다. 천천히 느릿느릿 흐르는 강 위를 떠다니는 존재가 되는 것이다. 멍청한 물고기들이 힘들게 흐름을 거슬러 헤엄치는 동안, 나뭇조각은 비생산성이 선물하는 따뜻하고 부드러운 햇볕을 즐기며 여유로이 떠내려간다. 헤엄을 치느라 땀을 흘릴 필요도 없이 그저 흘러가는 대로, 인생의 기류가 이끌어주는 대로 몸을 맡길 뿐이다. 대신 나는 내가 원하는 곳이 아닌, 강이 데려다주는 곳으로 흘러간다. 어느 누구도 물 위를 떠다니는 나뭇조각을 조종하지는 않으니까.

나뭇조각은 결국 어떻게 될까? 시간이 지날수록, 꾸준히 흘러가는 물살에 모서리가 깎이고 색은 바래며 힘은 약해진다. 그러다 뾰족한 바위나 갑작스러운 폭포라도 만나면 게임은 끝이다. 제대로 된 저항도 못해보고 바로 부러질 테니까. 재미있는 결말이다. 그렇지 않은가?

인생의 강을 떠도는 나뭇가지는 자신의 운명을 통제하지 못한다.

선택은 바꿀 수 있다

사람들은 이렇게 묻는다. "그렇지만 제가 나쁜 선택을 하면 어떡하죠?" 이런 고민 때문에 쉽사리 결정을 내리지 못하는 사람들이 많다. '나쁜' 선택을 할까 두려워 아무런 선택도 하지 않는 것이다.

그러면 어떻게 될까? 내가 결정을 내리지 않으면, 인생의 강이 나를 대신해 결정한다.

- ◆ 이력서를 넣지 않는가? 다른 사람이 그 자리를 채갈 것이다.
- ◆ 새롭게 구상한 사업을 실제로 추진하지 않는가? 다른 누군 가가 그 사업을 시작할 것이다.
- ◆ 기회에 도전하지 않는가? 순식간에 지나가는 기회를 당신은 놓치고 말 것이다.

아무것도 선택하지 않는 것보다는 나쁜 선택이라도 하는 편이 **무조건** 낫다. 나중에 돌이킬 수 없는 선택이란 인생에 거의 없기 때문이다.

후회를 두려워하지 마라. 지금 갖고 있는 최대한의 정보로, 지금 할 수 있는 최선의 선택을 하면 된다. 세상에 **완벽한 선택이란 건 존재하지 않는다.**

인생이 재미있는 것은 바로 그 때문이다. 알 수 없는 미래에 대한 믿음과 흥분과 건강한 두려움은 우리의 삶을 생기 있게 만든다. 좋은 선택을 한 것이라고 스스로를 믿는 수밖에 없다.

대부분의 사람들이 영원히 모르는 채 살아가는 인생의 비밀은 바로 여기에 있다.

> **드문 예외(건강 문제 등)를 제외하고는 거의 모든 선택을 상황에 따라 바꿀 수 있다.**

사실이다. 직업이나 어떤 이와의 관계 등 인생 전체의 방향을 좌지우지할 거라 생각했던 결정조차도 얼마든지 바꿀 수 있다. 몰랐던 정보를 알게 되거나 상황에 대한 이해가 더 깊어짐에 따라서 말이다. 어느 쪽이든 간에 인생은 유턴이 가능하다. 사람은 완벽하지 않다. 그리고 세상은 그에 대한 해결방안을 마련해두었다.

구매한 물건이 마음에 들지 않으면 다른 사람에게 주거나 반품하고 다시 사면 된다.

직장—또는 일—이 마음에 들지 않으면 바꾸면 된다.

누군가와의 관계가 마음에 들지 않으면 그 사람을 떠나면 된다. **당신은 당신의 마음을 바꿀 수 있다.** 또 이전과는 다른 선택을 할 수도 있다. 파도에 실려 다니는 나뭇조각이 되기보다는 파도를 갖고 노는 서퍼가 되어라. 인생에서 영원히 변치 않는 선택은 거의 없다.

> **스스로 선택해라.**
> 그리고 서퍼처럼, 스스로 선택할 수 있는 능력을 즐겨라.

😎 닌자의 지혜

◆ 사람들은 누구나 스스로 결정할 권리를 원한다고 말하지만, 대부분은 결정권이 주어져도 결정을 내리지 못한다.

◆ '스스로 선택하기'는 생산성을 높이는 데 꼭 필요한 기술이다. 시간과 노력의 낭비를 줄여주기 때문이다.

◆ 선택은 상황에 따라 얼마든지 바꿀 수 있다. 영원히 바꾸지 못하는 선택이란 거의 없다.

😎 닌자의 훈련

인생에서 좀 더 결단력이 필요한 영역은 무엇인가? 당신은 스스로 결정하는 편인가, 아니면 인생에게 맡기는 편인가? 다음 질문들에 대해 생각해보자.

◆ 지금 현재 선택해야 할 이슈는 무엇인가?

◆ 선택을 방해하는 요인은 무엇인가?

◆ 그 문제를 고민하는 데 당신은 얼마나 많은 시간을 썼는가?

◆ 과거의 선택 중 바꾸고 싶은 것이 있다면 무엇인가?

⏰ 빠르게 결정하기

대개의 경우, 질질 끌다가 내린 결정보다는 빠른 결정이 낫다. 인생의 중요한 순간에 대한 결정을 성급히 하라는 것이 아니다. 그렇게 큰 결정은 당연히 오랫동안 분석하고 깊이 고민해서 내리는 것이 옳다.

그러나 우리가 일상에서 마주하는 **대부분**의 결정은 인생을 바꿔놓을 정도로 중요한 것들이 아니다. 그런 경우에는 빨리 결정하고 다음으로 나아가는 편이 낫다. 시간도 아끼고 정신적 안정도 얻을 수 있기 때문이다. 반면 한 문제로 너무 오랫동안 고민하면 지치기 쉽다.

다음의 다섯 가지 팁을 참고하면 빠른 결정을 내리는 데 도움이 될 것이다.

1. **스스로 결정하기:** 스스로 선택하는 능력은 우리에게 주어진 가장 큰 선물이자 가장 소중한 권리다. 그러나 그 권리를 포기하면 인생의 강이 당신을 대신하여 결정을 내린다. 그러니 당신이 무엇을 하고 싶은지 생각해보고 마음이 이끄는 곳으로 가라. 떠다니는 나뭇조각은 이런 일을 할 수 없다. 이는 능동적인 닌자 서퍼만이 가능한 일이다.

2. **완벽한 시기(또는 선택)을 기다리지 마라:** 여러 번 강조했듯 인생에 완벽한 시기란 없다. 오직 **지금**만 있을 뿐이다. 마찬가지로 완벽한 선택 또한 **없다.** 원하는 선택지가 나타나길 바라며 영원히 기다리기만 하다 보면 어느새 모든 선택지가 지나가버렸음을 깨달을 것이다.

3. **대부분의 선택은 그다지 중요하지 않다:** 살다 보면 물론 나쁜 선택을 할 수도 있다. 그러나 대부분의 선택은 전체 흐름에 그리 큰 영향을 미치지 **않는다.** 한 달 또는 1년만 지나도 기억하지 못할 일로 스트레스 받지 마라.

4. **차라리 동전을 던져라:** 사실 이번 팁은 뭐랄까. 다소 **경솔하게** 들릴 수도 있다. 그러나 아무것도 선택하지 않는 것보다는 동전이라도 던지는 편이 대부분의 경우엔 낫다. 점심 메뉴를 고르지 못해 같은 곳을 빙빙 돌며 시간을 낭비한 적이 있는가? 차라리 동전을 던져라. 어쩌면 당신이 진짜로 원하는 것이 무엇인지 알게 될 수도 있으니.

5. **선택을 하고 그것을 즐겨라:** 무언가를 선택한 뒤 그에 대한 결과가 나오기도 **전에** 후회한 적이 있는가? 놓친 길을 아쉬워하느라 당신이 선택한 길을 제대로 경험할 기회조차 누리지 못하는가? 선택을 했다면 **그 선택에 집중해라!** 그리고 무엇보다 **그 선택을 즐겨라!**

Tip 18

취미는 열정을 불러온다

: 좋아하는 일을 즐기는 시간을 가지면
인생의 나머지 영역에서도
생산성이 높아진다

지금까지 우리는 해야 할 일의 양을 줄여 시간을 절약하는 방법을 다루었다. 그런데 음, 이번 장의 제목과 부제를 읽고 어떤 생각이 드는가?

"어떻게 이렇게 말할 수 있죠? 지금까지 말한 거랑 다르잖아요! 도대체 그럴 시간이 어디 있어요!"

그럴 시간은 **있다.** 모든 분야에서 좀 더 의욕적으로 노력하기를 원한다면 특히나 더욱 말이다.

시간관리 닌자는 자신에게 **만족감을 주지 않는 활동**에 쏟는 시간을 줄인다. 취미는 우리의 열정을 불러일으키고, 우리를 움직이는 추진력과 건강한 자극을 제공한다. 취미가 있으면 실제로 더 많은 시간과 에너지를 얻을 수 있다.

> **❝** 운동, 뜨개질, 독서, 서핑, 사진 찍기 등
> 취미의 종류는 중요하지 않다.
> 내가 열정을 느끼는 활동이기만 하면 된다. **❞**

일만 하는 삶

너무 많은 사람들이 항상 일에**만** 빠져 사는 잘못을 저지른다. 더 열심히, 더 많이 일해야 성공할 수 있다고 생각하는 것이다. 그러나 취미를 갖는다는 건 이러한 상식에 저항하는 것과도 같다. 적게 일할수록 많이 성취할 수 있으니까.

성공한 사람들을 보면 대부분 일에도 충실하지만 골프나 여행 등 여가활동에도 많은 시간을 쓴다는 사실을 당신은 이미 알고 있을 것이다. 멀리서 그 모습을 바라보는 사람들은 마치 귀신이라도 본 듯한 표정으로 궁금해한다. "그 많은 일을 하는데 어떻게 **또** 취미생활을 할 시간이 있는 거지?" 그러면서도 자신은 저렇게 살 능력이 안 된다고 생각한다. 그냥 하던 대로 9시부터 6시까지 일하고, 퇴근하면 집에서 TV나 보겠다 하는 것이다.

그러나 그렇지 않다! 우리도 그렇게 살 수 있다!

그럼에도 여전히 회의적인 당신은 이렇게 물을 수 있다. "취미생활이 시간관리나 생산성과 어떤 상관이 있다는 거죠?"

정답은 '모두' 상관이 있다는 것이다.

취미는 내가 **좋아하는** 일, 내 기분을 북돋아주고 동기를 부여해주는 일이다. 좋아하는 일을 하면서 느끼는 그 행복감은 다른 활동을 할 때에도 **이어진다.** 이건 내가 지어낸 이야기가 아니다. 취미생활이 창의적인 에너지를 높이고 직장 등에서 얻은 스트레스를 더 빨리 회복하게 해준다는 사실은 여러 연구에서 이미 밝혀진 바 있다.

그리고 이는 사실이다. 취미에 시간을 '낭비하는 것'이 업무적인 능력을 향상하는 데도 도움이 되는 것이다! 닌자에게도 휴식이 필요하다. 그래야만 생산성이라는 녀석을 자기 마음대로 주무를 수 있으니 말이다.

취미는 다음의 역할을 통해 우리 삶의 생산성 전반을 높여준다.

◆ **휴식 제공:** 스트레스를 해소하고 과열된 두뇌를 식혀준다.
◆ **일에서 벗어나기:** 좋아하는 일을 위해 떼어둔 시간 동안만큼은 일에 대한 생각에서 벗어날 수 있다. 역설적인 것 같지만, 어떤 문제에 대한 생각을 멈출 때 우리의 뇌가 비로소 그 문제에 대한 해결책을 떠올리는 경우는 생각보다 많다.
◆ **신체적인 건강:** 활동적인 취미는 몸을 건강하게 만들어준다. 몸이 건강해야 마음의 건강도 유지할 수 있다.
◆ **정신적인 건강:** 많은 취미들—머리를 쓰는 것이든 몸을 쓰

는 것이든—은 새로운 기술과 지식을 배우는 기회를 제공한다. 취미활동을 통해 인내심, 문제해결력, 공간지각력 등 좋은 능력을 배양할 수 있다.

◆ **기분 개선**: 취미는 나를 즐겁게 만들어준다. 직장에서 하루 종일 시달리고 난 뒤 좋아하는 일에 시간과 정신을 쏟으면 긍정적인 마음을 회복할 수 있다.

◆ **창의력 발산**: 취미생활이 주는 행복에 푹 빠져 있다 보면 창의력이 크게 성장하는 기회를 얻을 수 있다.

취미 찾기

무엇을 취미로 삼아야 할지 모르겠다는 사람들이 많다. 그러면서 그들은 이런 말을 덧붙인다. "예전에는……" 다시 말해 과거에는 취미가 **있었다**는 뜻이다.

어린이 닌자 시절, 학교나 집에서 꼭 해야 하는 일 외에 당신은 어떤 활동을 좋아했는가? 그중에서 지금도 많이 지칠 때마다 그리워지는 활동은 무엇인가?

여전히 감이 잡히지 않으면 자신이 주로 읽는 글은 무엇인지, 즐겨보는 프로그램이나 자주 듣는 팟캐스트는 무엇인지 떠올려보자. 당신은 이미 자신의 취미와 관련된 것을 항상 '보고' 있을 확률이 높다. 직접 즐기지만 않을 뿐.

회사일이 너무 바빠 조언을 구하러 온 사람들에게 내가 제일 먼저 물어보는 질문 중 하나는 이것이다. "취미가 뭐예요?" 그러면 이런 반응이 돌아온다. "장난해요? 한가롭게 취미생활을 할 **시간**이 어디 있겠어요!"

그러면 나는 이렇게 말한다. "취미생활을 하지 **않기** 때문에 시간이 없는 거예요."

아이러니컬하게도 이런 사람은 취미에 쏟을 시간을 줄여가며 일에만 열중한 것이—도움이 되기는커녕—오히려 부정적인 결과를 낳은 경우에 해당한다. 스스로 악순환의 굴레에 갇힌 전형적인 사례라 하겠다.

> **❝** 나를 위해 시간을 투자하면 오히려 일에 쏟을 시간과
> 생산성도 증가한다. **❞**

취미 = 나에 대한 투자

일이 많아지고 거기에 쏟아야 할 시간이 늘어나기 시작하면 사람들은 제일 먼저 자신을 위한 시간을 덜어낸다. 아무래도 다른 사람의 부탁을 거절하긴 어렵지만 자기 자신의 요구를 거절하는 건 쉽기 때문이다.

그래서 사람들은 자신이 행복감과 에너지를 얻을 수 있는 일

들을 하나둘씩 포기하기 시작한다. 레저 활동, 스포츠, 가족과의 시간? 이런 것들이 **제일 먼저** 버려진다. 마치 가라앉는 배 위에 놓인 예쁜 꽃병들처럼 말이다.

> ❝ 지나치게 일에만 집중하느라 자신을 회복시키는 일에
> 소홀한 것은 결국 개인적인 실패로 이어진다.
> 자신을 위한 시간에 더 많이 투자해라.
> 그러면 인생의 나머지 영역에서도 오히려 생산적인
> —그리고 행복한!—모습을 보여줄 수 있을 것이다. ❞

😈 **닌자의 지혜**
- 취미는 신체적 건강부터 정신력에까지 다양하게 긍정적인 영향을 미친다.
- 나 자신의 에너지를 새롭게 하는 활동에 시간을 쓰는 것은 성공의 **필수 조건**이다.
- 즐거움을 느낄 수 있는 활동은 인생의 모든 영역에서 열정과 의욕을 불어넣어준다.

😈 **닌자의 훈련**
다음 몇 분 동안 자신의 여가시간에 대해 깊이 생각해보자. 현재 당신이 아무런 취미도 갖고 있지 않다면 지금은 학창시절에 불태웠던 열정을 재발견할 시간이다.

- 즐기고 싶은 취미 두 가지를 생각해보자.
- 어떤 기분이 드는가? 삶에 의욕이 생기는 기분인가?
- 당신의 취미활동을 방해하는 장애물은 무엇인가? 과거에도 그런 장애물이 있었는가? 어떻게 그것을 해결할 수 있겠는가?
- 언제, 어떻게 취미생활을 할 것인가?

⏰ 취미 되찾기

취미에 관한 한 반드시 지켜야 할 규칙이란 것은 없다. 정의 자체가 매우 개인적이기 때문이다. 그저 단 한 가지, 자신이 관심을 느끼고 **신나게** 할 수 있는 것이기만 하면 된다.

당신은 정말 다양한 활동들을 취미로 즐길 수 있다. 신체적 활동, 정신적 활동, 아니면 그 사이 어디쯤에 있는 활동 등 무엇이든 좋다.

많은 사람들이 좋아하는 취미 몇 가지를 예로 들면 다음과 같다.

- 스포츠
- 독서
- 비디오게임
- 음악 감상
- 악기 연주
- 여행
- 수집(시계, 도장, 단추, 예술품)
- 사진

- 하이킹
- 자동차 정비/튜닝
- 봉사활동
- 낚시
- 문화행사 보조
- 요리
- 보트 타기
- 와인 감정

- 식물 키우기
- 집 꾸미기
- 시 쓰기
- 블로그 운영

이 목록 중에도 당신의 마음을 끄는 것이 없다면 위키피디아에서 수백 가지 취미 목록을 확인할 수 있다. 만세! 디바이스는 이런 일에 쓰라고 있는 것이다!

거절하고 내버려두는 연습

: 모든 것을 다 하려 애쓸수록
이루지 못하는 것은 더 많아진다

아쉽지만 인간은 한 번에 처리할 수 있는 일의 양에 한계가 있다. 모든 일을 다 끌어안을 수는 없다는 뜻이고, 이는 누구나 그렇다. 그러나 정신없이 바쁘게 살아가는 사람들은 자신의 한계를 벗어날 때까지 일을 맡고 또 맡아서 스스로를 점점 더 바쁘게 만드는 경향이 있다. 그들은 새로운 일을 거절할 줄 모르며, 모든 일을 자신이 관리하지 않으면 불안해한다.

혹시 당신 역시 이미 할 일이 넘치는데도 새로운 일을 떠안는 잘못을 저지르고 있지는 않은가? **거절하는 방법을 알지 못해서?**

그 일, 맡지 말고 그냥 내버려두어라

이번 전략은 지나치게 많은 일에 허덕이는 상황을 피하는 데 강력한 효과를 발휘한다.

내버려두어라 Let it be.

이 말을 나는 명상수업에서 처음 접했지만—같은 제목의 노래도 있다—생산성이라는 주제에도 얼마든지 적용할 수 있다.

'난 내버려둘 수 없어. 이미 하겠다고 약속했는걸.'이라고 생각할지도 모르겠다. 하지만 괜찮다. '내버려두기' 전략은 해야 할 일, 하기로 한 일을 하지 말라는 뜻이 아니다. 그보다는 앞으로의 마음가짐에 대한 이야기라 할 수 있다. 필요 이상으로 많은 일을 맡지 **마라**. 당신 앞에 던져지는 모든 일에 반응하고 그것들을 받아들여야 할 이유는 없다.

해야 할 일을 하지 말고 그냥 내버려두라는 것이 아니라 할 일을 만들지 말라는 뜻이고, 하기로 한 일을 버리라는 것이 아니라 애초부터 그 일을 맡지 말라는 뜻이다. 이는 중요한 차이다. 날렵한 시간관리 닌자는 앞서 말한 것처럼 **반드시** 빛처럼 빨라야 한다. 그렇지 않으면 어떻게 생산성을 높일 수 있겠는가?

예를 들어 처음에는 뉴스 기사를 읽고 있었는데 30분이 지난 후 정신을 차려보니 어느새 위키피디아의 늪에 빠져 있는 자신을 발견했다. 유명 연예인의 연애사 전문가가 될 필요가 당신에겐 **정말로** 있는가?

최신 유행하는 기계장치들도 마찬가지다. 거실에 놓고 쓸 세 번째 아이패드는 **정말로** 당신에게 필요한 물건인가?

> **❝** 일하기를 자진해서 청하는 사람들도 있다.
> 인턴사원을 도와준다거나 사촌네 빵집에서 빵을 굽는다거나.
> 이미 자기가 하기로 한 일도 버거워하면서 또 다른 책임을 떠안는
> 이유가 뭔가? 그러한 삶은 보기에만 번지르르할 뿐 실속은 없다.
> 빛 좋은 개살구처럼 말이다. **❞**

> **❝** 크든 작든 어떤 일을 맡기 전에는 반드시 그것을
> 자신이 맡아야 하는지, 아니면 그냥 '내버려둬야 하는지'
> 스스로에게 물어보는 과정을 거치자. **❞**

거절하고, 내버려두어라

"내버려두어라."는 불필요한 일을 맡지 않고자 할 때 쓸 수 있는 훌륭한 주문이기도 하다. 그러나 막상 사람들이 다가와 당신에게 부탁하는 상황을 마주하게 된다면……. 그래도 **거절해라.**

거절하기를 불편해하는 사람들이 많다. 무례한 행동이라고 생각하거나—당신의 시간엔 아무 가치도 없는가?—상대의 기분을 망칠까봐 걱정하는—다른 사람한테 부탁하면 된다!—등의 이유 때문이다. 그러나 거절하는 연습을 하지 않으면 당신은 결국 당신에게 주어진 모든 일을 도맡는 수밖에 없다.

글쎄, 이는 분명 건강히 살아가는 방법이 아니다. 당신 자신에게 가장 중요한 일에 관심과 노력을 쏟을 때 당신의 인생은 더욱 쉽고 즐거워진다. 젊은 닌자여, 다른 사람의 일을 떠안기 전에 자기 자신부터 먼저 돌볼 수 있어야 한다.

> **66** 거절하기에도 연습과 훈련이 필요하다.
> 때로는 센스와 예의를 갖춰야 하긴 하지만, 어쨌든 당신도
> 거절을 할 수 있다. **99**

🥷 닌자의 지혜

- '내버려두기' 전략은 다른 사람의 책임까지 떠안아 고생하는 일 없이, 자신이 이미 맡은 일에만 집중하는 즐거움을 알려준다.
- 불필요한 일을 맡느라 당신의 일을 포기하지 마라.
- 거절은 자기 자신의 가치를 존중하는 행동이다.
- 다른 사람의 일을 맡기 전에 당신의 일부터 챙겨라.

🥷 닌자의 훈련

새로운 일이 당신 앞에 던져졌을 때 어떻게 반응할지 생각해본다. 이미 일을 잔뜩 짊어지고 있는 상황이라면 필요 이상으로 많은 일을 맡지 않도록 주의한다.

- 당신은 주로 어떤 일을 지나치게 많이 맡는 편인가? 당신이 가능한 정도

보다 더 많은 일을 맡는 이유는 무엇인가?

◆ 어떤 경우에 '내버려두기' 전략이 필요한가?

◆ 지금보다 좀 더 자주 거절할 필요가 있는 일이 있다면 무엇인가?

자신이 과부하에 걸려 있는지 확인하는 방법

자, 이 장을 읽었으니 이제 '내버려두기'와 '거절하기'의 장점, 그리고 필요 이상으로 많은 책임을 떠안았을 때 생길 수 있는 문제점을 이해했을 것이다. 그렇다면 이제 자연스럽게 다음 질문이 떠오른다. "내가 과부하에 걸려 있는지는 어떻게 알죠?" 이를 확인할 수 있는 좋은 방법은 지금 자신이 지고 있는 의무를 전부 합산해보는 것이다.

먼저 당신이 현재 책임지고 있는 활동, 일, 소소한 잡무, 의무 등을 종이에 적어보자. 업무적인 것부터 취미나 가족과 관련된 것, 사회적 요구 등 당신의 시간과 머릿속을 정기적으로 차지하는 사항이라면 떠오르는 모든 것들을 적는다.

목록을 완성한 후에는 거기에 적힌 일을 모두 처리할 수 있는 시간이 충분한지 확인한다. 각 활동마다 소요되는 시간을 대략적으로 적은 후, 현실적으로 그 모든 일을 한 주에 해내는 것이 가능한지 합산해본다. 불가능하다는 계산이 나오면 당신의 짐을 조금 덜 필요가 있다.

당신은 얼마나 많은 의무를 지고 있는가? 닌자는 빛처럼 빨라야 한다.

Tip 20

일을 미루면 일어나는 일들

: 문제로 여기지 않으면
문제는 더 이상 문제가 아니다

가장 최근에 당신 스스로 문제를 일으킨 적이 있다면 언제인가? 해야 할 일을 깜빡했거나 약속을 잊어버렸거나, 혹은 마감 기한을 놓치는 등의 문제 말이다. 중요한 것은 당신 **스스로** 이러한 문제를 일으켰다는 사실이다. 이는 피시오일로 만든, 커다랗고 쓴 650밀리그램짜리 오메가3 캡슐처럼 당신이 쉽게 인정하고 삼키기에 힘든 진실일 것이다.

우리가 일상에서 겪는 스트레스와 어려움 중 상당수는 자기 행동의 **직접적인** 결과다.

당신은 자기 자신의 생산성을 저해하는 가장 큰 적이라는 죄목으로 기소되어 이제 법정에 섰다. 할 일을 미루는 바람에 끔찍한 상황이 벌어지게 했거나, 할 일을 까먹었다가 지독한 결과를 빚은 것은 마지막으로 언제인가?

> **❝** 나는 이것을 '인생과의 마찰life friction'이라고 표현한다.
> 인생과의 마찰은 스스로가 했던 행동이 낳은 문제,
> 이슈, 결과 등을 가리킨다. **❞**

우리의 삶에선 다음과 같은 '인생과의 마찰'이 흔하게 나타난다.

- ◆ 할 일 목록에 기록하지 않은 탓에 해야 할 일을 잊음
- ◆ 기한을 넘기거나 프로젝트를 제때 완료하지 못함
- ◆ 회의나 약속에 늦음
- ◆ 고지서의 요금을 제때 납부하지 않음
- ◆ 일을 미루다 기회를 놓침
- ◆ 할 일 목록을 살펴보지 않은 바람에 이미 했던 일을 또 함
- ◆ 계획을 제대로 짜지 않아서 일을 다시 함
- ◆ 전화번호를 잃어버려 연락을 하지 못함
- ◆ 메모를 아무데나 두었다가 잃어버림

'인생과의 마찰'은 왜 발생할까?

'인생과의 마찰'은 주로 할 일을 미루다가 발생한다. 감기와 마찬가지로 이 마찰은 당신의 움직임을 더디게 하고 일상적 활동도

훨씬 힘들게 만든다. 빨리 해결하지 않으면 극도의 스트레스와 피로를 경험할 수도 있다. 이런 '인생과의 마찰'을 원하는 사람은 아무도 없다.

'인생과의 마찰'을 일으키는 주된 원인은 다음과 같다.

◆ **미루는 버릇:** 할 일을 미루면 나중에 더 많은 시간과 노력을 들여야 할 뿐 아니라 좋은 기회를 놓치거나 금전적인 피해를 입는 등 여러 부정적인 결과를 얻을 수 있다.

◆ **정리정돈 안 하기:** 필요한 물건이 어디에 있는지, 해야 할 일을 처리하기 위해 무엇이 필요한지 등을 알지 못하면 같은 일을 하더라도 훨씬 많은 시간과 노력을 낭비하게 되고 정신적 스트레스도 증가한다.

◆ **우선순위 없이 일하기:** 가장 중요한 일을 우선하여 처리하지 않으면 좋은 결과를 얻기도 힘들 뿐더러 사소한 일만 하다 하루가 끝나기 쉽다.

◆ **우유부단함:** 이것은 일을 미루는 습관 이상으로 당신이 나아가는 것을 막는 나쁜 버릇이다. 생산성을 저해하다 못해 아예 마비시킬 수도 있다(열일곱 번째 팁을 참고해라).

이러한 태도와 그로 인한 결과들은 모두 스스로 자초한 것이다. 자신이 선택한 태도니 그 결과 또한 자신이 책임져야 한다.

당신의 인생에서 마찰을 일으키고 그 때문에 스트레스를 받게 만든 장본인은 바로 당신 자신이다.

하지만 우리에겐 두 가지 좋은 소식이 있다. 첫째, 우리 스스로 빚어내는 마찰 중 대부분은 이 책에서 알려준 여러 규칙을 따르면 쉽게 해결할 수 있다는 것이다. 그리고 둘째는, 지금 우리가 겪고 있는 문제 중 대부분은 우리 자신이 받아들인 정도로 심각한 것이 **아니라는** 사실이다.

> **66** 문제를 일으킨 원인이 나라면,
> 문제를 해결할 수 있는 사람도 나다. **99**

문제의 과대평가

지금 현재 당신은 무엇 때문에 스트레스를 받고 있는가?

끝이 안보이게 이어지는 할 일 목록이든, 기한을 넘긴 프로젝트든, 깜빡 잊고 처리하지 못한 의무든 상관없다. 그것 때문에 세상이 끝나진 **않으니까**. 물론 당사자한테는, 또 특히나 그 순간에는 정말 급하고 심각한 문제인 것처럼 느껴진다. 그러나 스트레스와 걱정과 두려움이 문제를 해결해주지는 않는다. 이럴 때 우리에게 필요한 것은 닌자와 같은 집중력과 행동력이다.

인생에서 진짜 비상사태는 매우 드물게 일어난다. 신체적 안전과 안녕을 심하게 훼손하는 상황 등을 제외하면 대부분의 문제는 그렇게까지 심각하지 **않다.**

문제가 어떤 것이든 간에 자신에게 물어보자. "내가 문제로 여기지 않더라도 이게 계속 문제로 남아 있을까?"

놀랍게도 대부분의 문제들은 그저 문제의 탈을 쓴 '할 일'일 뿐이다. 그렇기에 다른 것들과 마찬가지로 우선순위를 정해 하나씩 처리해나가면 된다. 그 문제 때문에 실제로 어떤 불편함을 겪을 수야 있겠지만 어쨌든 **처리하고** 그다음으로 나아가면 될 일인 것이다. 생산적으로 일하고 성공하는 사람들은 그렇게 행동한다. 그리고 우리 역시 그런 사람이 되기 위해 훈련 중이다.

> ❝ 내가 문제로 여긴 문제에서 교훈을 얻었다면
> 다음에는 같은 문제를 피할 수 있다. ❞

마찰이 일어나기 전에 예방하기

잠시 멈추고 '인생과의 마찰'에 대해 생각해보면, 마찰을 일으키는 상황을 똑같이 반복하는 것은 바로 자기 자신이라는 사실을 알 수 있다. 사람의 생산성과 습관은 쉽게 변하지 않기 때문에 그로 인한 결과 또한 매번 다르지 않다.

예를 들면 회의 때마다 지각하는 직원이 회사마다 한 명씩은 꼭 있다. 아마 그 직원도 자신이 지각쟁이로 찍혀서 사람들 입에 오르내린다는 사실을 알고 있을 것이다. 그런데도 그는 그 습관을 고치지 못해 영원히 지각을 반복한다. 이러한 상황에 변화를 주려면 무엇이 필요할까? 인생에서 고민해야 할 문제가 있다면 바로 이것이다.

나 자신이 원인이 되는 인생과의 마찰은 무엇인가? 그런 마찰은 주로 규칙적이고 정기적으로 발생하기 때문에 아마 당신 스스로도 자신의 문제가 무엇인지 잘 알고 있을 것이다. 고지서 요금의 납부 마감일을 매번 넘기는 탓에 과태료를 문다거나, 일정표에 적어둔 약속을 잊어버리는 일이 비일비재하게 일어나는 등의 문제 말이다.

> 66 스트레스 및 마찰을 줄이려면 자신의 생활방식에서
> '인생과의 마찰'을 일으키는 원인이 되는 태도를
> 제거할 수 있도록 의식적으로 선택하고 계획해야 한다. 99

🥷 닌자의 지혜

◆ 인생에서 마주치는 스트레스 요인 중 상당수는 내가 만들어낸 것이다. 따라서 그 원인을 격리하고 제거할 수 있는 사람도 나 자신이다.

◆ 대부분의 문제는 진짜 문제가 아닌, 그저 처리해야 할 '할 일'일 뿐이다.

◆ 진짜 비상사태는 인생에서 거의 일어나지 않는다. 당신이 걱정하는 문제의 대부분은 무시해도 되는 것들이다.

◆ 올바른 시간관리로 미리미리 일을 완료하면 '인생과의 마찰'을 줄일 수 있다.

🥷 닌자의 훈련

스스로 자초한 '인생과의 마찰'을 줄여줄 방법을 생각해보자.

◆ 내가 한—혹은 하지 않은—행동 때문에 생긴 문제를 세 가지 떠올려본다. 고지서 요금의 납부 기한을 넘긴 것, 운동을 빼먹은 것, 해야 할 일이나 약속을 잊어버린 것 등이 이에 해당된다.

◆ 그 세 가지 문제를 해결할 수 있는 방법을 각각 궁리해본다. 일정표의 알림 기능을 활용하거나 친구와 함께 서로 감시자 역할을 해주기 등이 도움이 될 것이다. 동일한 문제를 반복하지 않도록 막아줄 수 있는 것이라면 **무엇이든** 시도해보자. 전통적인 방식이든 대안적인 방안이든 모두 환영이다.

Tip 21

자신의 인생을 살지 않으면
남에게 빼앗겨버리고
말 것이다

: 시간은 사용하지 않으면 사라진다

사람이라면 거의 누구든 자기가 하고 싶은 일, 이루고 싶은 무언가가 있다. 그러나 슬프게도 그런 것들은 영원히 꿈으로만 머무는 듯하다.

시간은 흘러간다. 그리고 꿈은 늘 제자리에서 맴돌며, 거기서 계속 우리를 쿡쿡 찌른다. 스스로 행동할 만큼 강하지도 않게, 그러나 마치 고대 불멸의 신처럼 사그라지지도 않은 채 한곳에 계속 웅크린 채로 말이다. 우리는 꿈에게 조용히 하라고 요구할 수 없다. 이는 시간관리 닌자가 되는 과정 중에서 가장 어렵고 힘든 부분이다. 꿈은 그곳에서 우리의 관심을 구걸하고, 자신의 존재를 마음껏 펼치기를 원한다. 그러나 우리는 마음 한구석에 꿈을 밀어 넣고 불까지 꺼버린다. 우리가 꺼내주지 않는 이상 꿈은 계속 그곳에 웅크리고 있을 것이다. 캄캄한 구석에서 영원히.

그런데도 우리는 반쯤 눕다시피 한 자세로 침대에 앉아 있다.

핸드폰 화면의 푸른빛이 얼굴에 드리워진다. 거기에 얹은 손가락을 빠른 속도로 쓸어내리면, 나를 제외한 세상 모든 사람들이 마치 꿈을 이룬 것처럼 보이는 사진들을 보게 된다.

> **"** "내 목표는 꿈이 아닌, 추억과 함께 죽는 것이다."
> – 화자 미상 **"**

나중에는 시간이 더 없다

당신은 인생을 꽉꽉 채워 살고 있는가, 아니면 그저 흘러가는 대로 내버려두는가?

많은 이들은 가족과 더 많은 시간을 보내고 싶다며 투덜대거나, 운동 혹은 취미생활을 즐길 수 있는 시간이 많으면 좋겠다고 말한다. 그러면서도 여전히 대부분의 시간을 일하는 데만 쏟아붓는다. **애초부터** 자신이 맡지 않아도 됐을 일에 너무나도 많은 시간을 소비하며 말이다.

그리고 스스로에게 이렇게 타이른다. "나중에 시간이 나면 그땐 인생을 즐길 거야. 언젠가는 내 인생도 자리를 잡겠지."

이는 잘못된 생각이자 미성숙한 환상이다. 인생은 앞으로도 계속 자리를 잡지 못하고, 인생의 속도는 느려지지 않기 때문이다.

'이 정도면 됐다.'라고 당신이 생각할 만한 순간은 오지 **않는다**.

가족과 나눌 시간이 더 많길 바란다면서, 지금 당신은 그들과 시간을 보내고 있는가?

운동할 시간이 있었으면 좋겠다고? 어제는 운동을 했는가?

책을 쓰고 싶다고? 으음, 지금 책을 쓰고 있는가?

> **"** 인생은 자신의 시간을 어디에, 어떻게 쓰는지가 쌓여서 만들어진다. 그만큼 간단한 사안인 것이다. **"**

시간은 사용하지 않으면 사라진다

성공한 사업가들 중 자기 자신과 가족들을 돌보는 일에 소홀한 이들을 당신도 종종 봤을 것이다. 그들은 사랑하는 사람과 더 많은 시간을 보내고 싶다고 입버릇처럼 말하지만, 매번 다른 곳에 자신의 시간을 사용하는 쪽을 선택한다. 자기 자신과 가족은 언제나 뒷전이다.

중요하지 않은 일에 시간을 낭비하다 보면 언젠가는 소중한 것들을 잃는 법이다. 배우자나 가족을 잃은 사람들의 이야기를 들을 때마다 나는 마음이 아프다. 그들은 항상 이렇게 말한다. "일에만 몰두하지 말고 식구들과 좀 더 많은 시간을 보낼걸 그랬어요."

가슴 아픈 일을 당한 후에야 그들의 소중함을 깨우치는 어리석음을 범하지 마라. 자신이 좋아하는 일을 하고 자신이 사랑하는 사람과 시간을 보낼 수 있도록 매일 스스로를 일깨워라.

내 인생은 나의 것

지금까지 살펴본 스물한 가지 팁을 통해 우리는 시간관리 닌자가 되려면 선택하고 행동하는 삶을 살기 위한 훈련이 필요하다는 사실을 배웠다. 그중에서도 마지막 팁은 '시간이 없다'는 건 사실 핑계일 뿐이고, 그저 자신에게 주어진 시간을 실제로 어떻게 사용할 것인가가 중요하다는 점을 되짚어준다.

솔직히 대부분의 사람들은 **시간을 효율적으로 다루는 일에 서툴다.** 불필요한 일, 심지어 자신에게 해가 되는 일을 하느라 하루를 낭비하는가 하면 때로는 다른 사람들이 자신의 시간을 빼앗아가도록 그냥 내버려두기도 한다.

제일 큰 문제는 뭘까? 바로 **정작 자신에게 의미 있는 일에는 시간을 쓰지 않는다는 것이다.**

FOMO를 JOMO로 바꿔라

요즘처럼 온 세상이 네트워크로 연결된 사회에서 생겨난 신조어가 있다. 소외되는 것에 대한 공포, 즉 FOMOFear of Missing Out가 그것이다. 알게 모르게 번져나간 FOMO의 공격에 우리는 속수

무책으로 당하고 있다. 전화가 오면 즉각 받아야 하고, 쉴 새 없이 SNS에 접속해서 친구들은 물론 자기가 알지도 못하는 사람들의 사돈의 팔촌까지 어떻게 사는지를 강박적으로 확인한다.

다른 사람들의 삶과 기준에 맞춰 살기 위해 애쓰는 것은 시간 낭비이자 노력 낭비다. 물론 사회적 동물인 인간에게 FOMO는 오래전부터 존재해왔지만 핸드폰과 인터넷은 그 정도를 수십 배나 증폭시켰다.

FOMO를 물리칠 수 있는 비밀은 바로 **자기 인생을 사는 것**이다. 어떤 연예인이 무슨 말을 했는지, 어떤 옷을 입었는지가 정말 당신에게 그토록 중요한가?

> 66 그보다는 내가 즐거움을 느끼는 일, 내게 의미 있는 일을 추구하고 성취하는 데 시간을 사용해라. 99

'소외되는 공포'인 FOMO를 '소외되는 즐거움', 즉 JOMO Joy of Missing Out로 바꿔라. 자기 자신의 목표와 열정을 좇다보면 온갖 의미 없는 모임이나 SNS쯤은 즐거운 마음으로 거절하게 될 것이다. 그보다는 당신 자신이 행복감을 느끼는 일을 하기 위해서 말이다.

나의 시간은 쓰라고 있는 것이다

우울한 이야기를 하려는 게 아니다. 그보다는 자신에게 주어진 시간을 제대로, 현명하게 사용할 것을 상기하고 일깨워주려는 것이다.

우리 모두에게는 매일 똑같은 양의 시간이 주어진다.

24시간. 1,440분. 8만 6,400초.

이는 내가 내 마음대로 할 수 있는 시간이다. 그리고 모래시계는 매일 새롭게 채워진다.

그러나 시간은 빠르게 흘러간다(때로는 쏜살같이 **날아가버린** 것처럼 느껴지기도 한다).

소중한 일에 시간을 써라.

사랑하는 사람들을 위해 시간을 써라.

마음속에 품고 있는 큰 목표를 위해 시간을 써라.

자기 자신을 위해 시간을 써라.

시간이 부족하다는 불평은 이제 그만하자.

당신의 시간은 **충분하다.** 다만 주어진 시간을 어떻게 쓰느냐가 그 모든 차이를 만들어낸다. 시간을 알차고 보람 있게 사용하지 않으면 당신은 영원히 당신 자신의 인생을 살지 못할 것이다.

> ❝ 오늘을 위해 살아라. 현재를 살아라.
> 그리고 자신의 시간을 언제나 현명하게 사용해라. ❞

🥷 닌자의 지혜

◆ 현재를 살아라. 과거를 기억해라. 미래를 계획해라.

◆ FOMO에 굴하지 마라. 다른 사람이 아닌 **나 자신**의 인생을 살아라.

◆ 스스로 선택해라. 자신의 선택을 믿고 앞으로 나아가라.

◆ 닌자처럼 현명하게 시간을 사용하지 않으면 늘 시간 부족에 시달릴 것이다.

◆ 다른 사람들이 당신의 시간을 빼앗아가게 내버려두지 마라. 당신의 시간은 당신 것이다.

🥷 닌자의 훈련

스스로가 주인인 인생을 살고 있는지 늘 유의해야 한다. 다른 사람의 기대에 부응하거나 존재하지도 않는 기준과 비교하며 살기 위해 애쓰지 마라. 자기 자신에게 의미 있는 일에 당신의 시간을 사용하고 있는지 엄격한 눈으로 살펴야 한다.

◆ '~할 시간이 많으면 좋겠다'고 생각하는 일은 무엇인가? 사랑하는 사람들과의 시간, 나를 위한 시간, 취미생활을 할 시간, 목표를 이루기 위한 시간 등이 있을 것이다.

◆ FOMO는 당신의 일상생활에 어떠한 영향을 미치는가? 다른 사람들이 어떻게 살고 있는지 따위를 알아내는 데 많은 시간을 쏟는가? FOMO를 줄이고 JOMO를 늘리기 위해 무시하거나 줄여야 할 활동으론 무엇이 있는가?

- 시간 중심의 마음가짐을 갖추기 위해 무엇을 할 수 있을까?
- 누구와, 또는 어떤 활동을 하는 데 더 많은 시간을 보내고 싶은가?
- 목적의식이 보다 분명한 삶을 살기 위해 무엇을 할 수 있는가?
- **내** 인생을 위해 **내** 시간을 쓰는 것을 방해하는 장애물은 무엇인가?

🕛 최대한 자신을 위해 사는 법

그간 당신이 지금껏 자신과 개인적인 삶을 무시하며 살아왔다면, 이제 와서 삶의 중심을 갑자기 바꾸기가 쉽지 않을 것이다.

첫 번째 단계는 당신 시간의 존재, 그리고 그 시간을 당신이 어떻게 사용하고 있는지를 의식하는 것이다. 이 단계를 거치고 나면 비로소 당신이 당신 시간을 어떻게 사용하고 싶은지 결정할 수 있다.

다음의 열 가지 팁은 닌자와 같은 삶을 살게끔 당신을 이끌어줄 것이다.

1. **집중해라:** 놀랍게도 정말 많은 사람들이 자기가 무엇을 하고 있는지에 별 신경을 쓰지 않은 채 하루를 보낸다. 현재에 집중해라. 지금 하고 있는 일, 지금 함께하는 사람들에게 집중해라.

2. **디바이스를 멀리해라:** 디바이스가 당신의 인생을 구속하게 내버려두지 마라. 한 주 내내, 24시간 내내 거기에 묶여 있어야 할 이유가 당신에겐 전혀 없다. 당신이 아끼는 사람들과 함께하는 것보다 핸드폰을 들여다보는 데 더 많은 시간을 쓰는 건 분명 문제적 상황이다.

3. **과감히 도전해라:** 도전하지도 않으면서 새로운 수준의 성과를 기대하는 것은 허황된 일이다. 자신의 시간에 대담해져라. 항상 성공할 수는 없겠

지만 자기도 몰랐던 자신의 능력에 놀라는 일이 전보다는 훨씬 자주 생길 것이다.

4. **실천하는 사람이 되어라:** 생산적인 사람이 되려면 능동적이고 적극적인 태도를 가져야 한다. 일을 미루고 게으름 피우는 습관이 당신의 삶을 장악하게 하지 마라. 오늘 일을 내일로 미루면 그 일은 영원히 미뤄질 가능성이 높다.

5. **자신의 시간을 의식해라:** 시간을 어떻게 사용하고 있는지 늘 의식해야 한다. 무엇을 해야 할지 모르겠다거나 정리가 되어 있지 않다는 이유로 시간을 낭비하지 마라.

6. **다른 사람들이 당신의 시간을 빼앗아가게 내버려두지 마라:** 시간은 가장 귀중한 자원이므로, 돈에 대해 그렇듯 시간도 온 힘을 다해 지켜야 한다. 다른 사람들이 당신의 시간을 빼앗아가는 상황은 내버려두지 말고 단호히 거절해라.

7. **소중한 사람들과 시간을 나눠라:** 아끼는 사람들과 관계를 쌓을 수 있는 가장 좋은 방법은 함께 시간을 보내는 것이다. 같이 어울리고, 이야기를 나누고, 무언가를 함께해라. 이는 충만한 인생을 살 수 있는 가장 중요한 방법 중 하나다.

8. **스스로를 위한 시간을 가져라:** 당신에게 주어진 시간이니 그것을 당신 자신을 위해 써야 한다는 사실도 잊어선 안 된다. 취미활동도 좋고 자기계발도 좋다. 그저 일기장에 글을 쓰며 시간을 보내는 것도 훌륭한 방법이다. 이때만큼은 자신이 좋아하는 일을 즐겨보자!

9. **일부는 미래를 위해 투자해라:** 미래를 위해 시간을 저축해둘 순 없지만, 훗날 큰 보상이 되어 돌아올 일에 투자할 수는 있다. 운동, 계획 수립, 정리정돈 등은 시간을 유익하게 쓸 수 있는 좋은 예들이다. 이런 행동들은 미래의 당신이 보다 생산적으로 살아가도록 도와줄 것이다.

10. **자신의 인생을 살아라:** 인생은 결국 자신의 시간을 어떻게 썼는지가 쌓여서 만들어진다. 매일, 날마다 자신의 인생을 살아라. 나중을 위해 시간을 아껴두는 것은 인생이 될 수 없고, 가능한 일도 **아니다.** 아니다. 당신 자신의 인생을 위해 매 순간의 시간을 사용해라.

자신의 시간을,
자신의 인생을 관리해라

지금까지 소개한 스물한 가지 시간관리 팁을 통해 여러분이 생산성을 높이고 진정한 시간관리 닌자로 거듭날 수 있는 팁과 전략과 비밀을 알게 되었길 바란다!

여기에 실린 팁 모두는 내가 지난 20여 년간 어떻게 하면 최소한의 노력으로 효과적이고 효율적인 성과를 낼 수 있을지 연구하여 얻은 결과물이다(시간관리 닌자가 되기 위한 훈련을 꽤 오랫동안 받은 셈이다). 무엇보다 강조하고 싶은 점은, 시간관리는 일이 아닌 일상의 **자연스러운** 일부분이 되어야 한다는 사실이다. 자신에게 주어진 시간을 가치 있게 여길 때에야 비로소 우리는 자신의 인생과 그 안에서 벌어지는 모든 멋진 일들에 더욱 집중할 수 있다.

자신의 습관을 개선해나갈수록, 시간관리의 마스터가 되는 데 있어 이 스물한 가지 팁은 반드시 기초가 되어야 한다는 사실을 당신은 깨닫게 될 것이다. 그리고 거기서 더 나아가면 자신의 시간을 최대한 효율적으로 사용할 수 있는 당신만의 전략과 닌자 무기도 개발할 수 있으리라.

내가 스스로 개발한 생활의 꿀팁 몇 가지를 귀띔해주자면 다음과 같다.

- **열쇠는 절대로 잃어버리지 않는다:** 잃어버릴까봐 걱정되는 물건이 있다면 주머니나 지갑에서 열쇠를 꺼내 그 물건 옆에 두어라. 이 팁은 식당이나 병원 등 공공장소에 갔을 때 특히 유용하다. 선글라스와 열쇠를 나란히 테이블 위에 두면 그 둘을 놓고 멀리가지는 못할 것이다. 나는 지난 수년간 열쇠를 잃어버린 적이 한 번도 없다!
- **일찍 일어난 새가 이메일을 쓴다:** 이메일은 아주 이른 아침 시간에 **보내는** 것이 가장 좋다. 가령 새벽 4시에 이메일을 보내 놓으면 상대가 회사에 출근하여 메일함을 열었을 때 내가 보낸 메일이 **가장 위쪽**에 위치할 확률이 높다. 그러면 답장을 받을 확률 또한 훨씬 높아진다.
- **오늘의 한 가지:** 나는 '오늘의 목록' 맨 위쪽에 '오늘의 한 가지'라는 칸을 따로 만들고 무슨 일이 있어도 반드시 그날 안에 완료해야 할 최우선 과제를 적는다. 이렇게 하면 그 일이 계속 눈에 띄기 때문에 잊지 않고 끊임없이 상기할 수 있다.

이 사항들은 시간관리 규칙을 내 생활에 적용하기 위해 개발한 몇 가지 사례일 뿐이다.

여러분이 가지고 있는 최고의 시간관리 팁은 무엇인가?

나는 가정이나 직장에서 생산적으로 생활하기 위해 사용하고 있는 방법들을 여러분과 함께 나누고, 시간관리 닌자 사이트Time ManagementNinja.com를 통해 계속 소통할 수 있다면 좋겠다. 트위터나 인스타그램에서도@TMNinja 나를 만날 수 있다.

시간관리 닌자의 여행은 일생동안 계속된다. 훈련하고 단련할수록 당신은 더 멀리, 더 높이 나아갈 수 있을 것이다!

시간도둑에 당하지 않는 기술

지은이 | 크레이그 재로
옮긴이 | 신유희

1판 1쇄 인쇄 | 2020년 3월 23일
1판 1쇄 발행 | 2020년 3월 30일

펴낸곳 | (주)지식노마드
펴낸이 | 김중현
편 집 | 장윤정
디자인 | 제이알컴
등록번호 |제313-2007-000148호
등록일자 | 2007. 7. 10
(04032) 서울특별시 마포구 양화로 133, 1201호(서교동, 서교타워)
전화 | 02) 323-1410
팩스 | 02) 6499-1411
홈페이지 | knomad.co.kr
이메일 | knomad@knomad.co.kr

값 14,000원

ISBN 979-11-87481-74-4   13320

이 도서의 국립중앙도서관 출판예정도서목록(CIP)은 서지정보유통지원시스템 홈페이지
(http://seoji.nl.go.kr)와 국가자료공동목록시스템(http://www.nl.go.kr/kolisnet)에서
이용하실 수 있습니다.(CIP제어번호: CIP2020003773)

* 잘못 만들어진 책은 구입하신 서점에서 교환해 드립니다.